Auxiliando a humanidade a encontrar a Verdade

O Animal na Casa Espírita

© 2021 — Madalena Parisi Duarte

O ANIMAL NA CASA ESPÍRITA
Assistência espiritual aos irmãos menores
animais: conceitos gerais e prática
AUTORES DIVERSOS
Org. Madalena Parisi Duarte

Todos os direitos desta edição reservados à
CONHECIMENTO EDITORIAL LTDA.
Fone: 19 3451-5440
www.edconhecimento.com.br
vendas@edconhecimento.com.br

Nos termos da lei que resguarda os direitos
autorais, é proibida a reprodução total ou parcial, de qualquer forma ou por qualquer meio
— eletrônico ou mecânico, inclusive por processos xerográficos, de fotocópia e de grava-
ção — sem permissão, por escrito, do editor.

Projeto Gráfico: Sérgio Carvalho
Capa: Ana Carolina C. B. Spada
Imagem da capa: @biAquarela
Revisão: Sueli Cardoso de Araújo
Mariléa de Castro
Revisão de conteúdo: Gildo Barbosa da Silva Filho

ISBN 978-65-5727-101-8
1ª edição – 2021

• Impresso no Brasil • *Presita en Brazilo*

Dados Internacionais de Catalogação na
Publicação (CIP)
(Angélica Ilacqua CRB-8/7057)

O animal na casa espírita: assistência espiritual aos irmãos menores animais: conceitos
gerais e prática / organização de Madalena
Parisi Duarte — 1ª ed. – Limeira, SP : Editora
do Conhecimento, 2021.
224 p.

Diversos autores

ISBN 978-65-5727-101-8

1. Animais - Ponto de vista espírita 2. Animais - Espiritismo 3. Tratamento espírita
- Animais I. Título

21-2211   CDD 133.93

Índice para catálogo sistemático:
1. Animais - Espiritismo

AUTORES DIVERSOS
Madalena Parisi Duarte
(Organizadora)

O ANIMAL
NA CASA ESPÍRITA
Assistência espiritual aos irmãos
menores animais: conceitos
gerais e prática

1ª edição — 2021

EDITORA DO
CONHECIMENTO

"Recursos de comercialização cedidos ao Projeto Mucky, instituição que abriga várias espécies de primatas brasileiros."

Dedicatória

(Em memória)

A Wilton Nery Duarte (24.07.1939-06.12.2019), amado esposo e companheiro de sonhos, por seu inestimável incentivo e auxílio fraterno prestados em ações e projetos relacionados tanto ao bem comum quanto à proteção e defesa de nossos irmãos menores animais.

Agradecimentos

A Deus, inteligência suprema, causa primeira de todas as coisas.

A Jesus, Divino Amigo.

A Francisco, o santo de Assis, inspirador do Bem pelo exemplo de virtude e amor, e que chamava a todos os animais de "irmãos menores".

A Marcel Benedeti (em memória), pelo idealismo e legado de amor e respeito aos irmãos menores animais.

À equipe do Grupo Fraternal Francisco de Assis (São Bernardo do Campo -SP), pela inestimável colaboração.

À minha família de laços sanguíneos e de laços do coração, pelo afeto, carinho e proteção.

A todos os autores citados ou com textos reproduzidos neste trabalho (encarnados ou desencarnados), pela parceria e valiosa contribuição com informações temáticas enriquecedoras.

À Associação Espírita Encontro Fraterno, pelo grande bem que representou, espiritualmente, em minha atual trajetória de vida.

E a todos os irmãos menores animais do meu caminho, representados na graciosa Leka, que ilustra a capa deste livro.

A mais grandiosa tarefa que o homem pode desempenhar, e por isso mesmo a mais combatida, é a que consiste em destruir erros enraizados na alma humana durante séculos de obscurantismo.

O preconceito sempre se levanta hirsuto contra aqueles que vêm desbastar o terreno inculto da ignorância, que guarda os despojos das civilizações extintas[1] (Cairbar Schutel).

---

1 SCHUTEL, Cairbar. *Gênese da alma*. Matão: O Clarim, 2011, p. 26.

Sumário

Apresentação ... 13
Irmão de Jesus ... 18
Princípios básicos da doutrina espírita ... 20
Allan Kardec: breve biografia ... 24
Allan Kardec e a evolução ... 28
Sobre a alma animal: nos degraus da evolução ... 30
Alma-grupo e o espiritismo ... 33
Mestre e discípulo ... 36
O perispírito (Excertos) ... 40
O perispírito nos animais (Excertos) ... 42
Os animais evoluem? Visão espírita ... 44
Evolução do princípio espiritual dos animais ... 50
Animais em sofrimento ... 52
A dor nas plantas e nos animais ... 54
Mensagem aos animais, de alma e coração ... 60
A eutanásia de animais sob a visão espírita ... 64
Castração de animais ... 68
Metempsicose x reencarnação: polêmica discussão sobre
os animais não humanos ... 70
A reencarnação dos animais ... 74
Assistência espiritual aos animais desencarnados ... 81
Colônias espirituais para os irmãos menores animais ... 83
Na senda de ascensão ... 90
"Humanização" dos animais ... 92
Família multiespécie ... 94
Ante o desencarne de nosso irmão animal ... 96
Fidelidade além da morte ... 99
O magnetismo (precursor do passe espírita) ... 101
O passe espírita (magnetismo espiritual) ... 103
Passe espírita em animais (objeções e justificativas) ... 105
O passe espírita em animais ... 111
Passes e Chico Xavier ... 113
Outros recursos no trabalho de assistência espiritual aos irmãos
menores animais ... 115
I — Água fluidificada ... 115

II — Água irradiada........................116
A progressividade do espiritismo e seu diálogo com a Ciência...119
Os animais são seres sencientes (os manifestos)........................124
Os animais têm alma?........................127
A alimentação natural (visão espírita)........................131
Considerações sobre o assunto emitidas por espíritos encarnados ou desencarnados........................133
Espíritas: seremos os últimos a acordar?........................136
Animais: nossos companheiros de viagem........................139
Os animais e a espiritualidade........................142

Parte II

Estrutura do centro espírita para a atividade de assistência espiritual aos irmãos menores animais........................149
Orientações de um espírito zoófilo aos seareiros........................162
Adoção do termo "tutor"........................164
Relatos sobre irmãos menores animais atendidos no Cantinho de Francisco de Assis........................166
Quando o amor chega quase a adoecer........................172
A experiência da cura e do acolhimento........................174
Quem dá mais: o animal ou o homem?........................177
Ao Divino Naturalista........................180
Considerações finais........................182
Apelo em favor dos animais........................184
Homenagens........................186
   I – Francisco de Assis........................186
      Retornando a Assis........................186
   II – Marcel Benedeti........................188
Tributo........................190
Prece no plano espiritual........................192
Anexo A – Jornal de Estudos Espíritas Gabriel Delanne........................194
Anexo B – Relação de livros para estudo e/ou formação de biblioteca temática........................207
Anexo C – Sugestão de ficha cadastral........................210
Anexo D – Registros de retorno para o passe........................211
Anexo E – Sugestão de oração para abertura dos trabalhos........................212
Anexo F – Sugestão de preces para a equipe de passe........................213
Anexo G – Instruções para a prática do Evangelho no Lar........................215
      Jesus contigo........................217
Anexo H – Sugestão de folheto informativo aos tutores........................218
Anexo I – Sugestão de cartaz de divulgação........................219
Sobre os autores........................220

Apresentação

Certo dia, em princípios de 2009, desejosa de ouvir uma programação relacionada à doutrina espírita, procurei sintonizar pela internet a Rádio Boa Nova, ligada à Fundação Espírita André Luiz (FEAL) de Guarulhos (SP).

Com grande surpresa e imensa alegria, descobri, naquela ocasião, que há alguns anos estava no ar "Nossos Irmãos Animais", programa idealizado por Marcel Benedeti, médico--veterinário homeopata, escritor e palestrante espírita. O objetivo expresso desse programa de rádio era "lançar um olhar sobre a vida de nossos irmãos tão especiais: os animais. Uma conversa sobre o lado espiritual e físico, a relação dos animais com a ecologia e a humanidade; orientações aos ouvintes que cuidam dos nossos irmãos animais".

Heureca!,[2] pensei. Então, finalmente, a atenção dos espíritas chegava a essas criaturas que povoam a Terra — incontáveis delas ao nosso próprio lado — e que, por séculos e séculos, têm sido tratadas como simples objetos a serviço do ser humano...

De forma corajosa, superando muitas críticas, objeções e até mesmo ofensas pessoais, Dr. Marcel levantara o véu sobre a espiritualidade dos animais e trazia à tona a realidade preconizada pela doutrina espírita havia mais de uma centena de anos: os animais têm alma e são nossos irmãos de trajetória evolutiva.

Feliz pela abordagem e condução do programa, passei a ouvi-lo semanalmente. Entusiasmada, convidei Dr. Marcel para proferir uma palestra sobre a espiritualidade dos animais em nossa instituição — Associação Espírita Encontro Frater-

---

2 Usada como expressão de triunfo ao encontrar-se a solução de problema difícil. [Expressão atribuída a Arquimedes (287-212 a.C., matemático grego).]. Dicionário Houaiss da Língua Portuguesa.

no, em Blumenau (SC). Aceito o convite, tive o privilégio de conhecê-lo pessoalmente, em agosto de 2009, ocasião em que apresentou sua palestra para um público atento e curioso.

Registre-se que o amor de Dr. Marcel aos irmãos menores animais o levara, em 2006, a iniciar um trabalho inédito de assistência espiritual a essas criaturas, em dependências cedidas em regime provisório pelo Centro Espírita Vicente Cerverizo, situado na zona norte da capital de São Paulo. A atividade era realizada duas vezes por semana — às quintas-feiras, à tarde, e às sextas-feiras, à noite, tendo merecido reportagem de Jorge Soufen Jr., do *Jornal São Paulo Agora*, de 1º de fevereiro de 2009, sob a 'chamada' "Curiosidade" e o título "Donos levam animais para tratamento — Associação oferece passes a bichinhos". A matéria foi reproduzida no *Anuário Espírita* de 2010, do Instituto Difusão Espírita.

Pouco tempo depois, em 28 de maio de 2008, Dr. Marcel e alguns amigos fundaram o que é considerado o primeiro centro espírita do mundo voltado especialmente ao tratamento assistencial dos animais: Associação Espírita Amigos dos Animais (ASSEAMA), com o objetivo de "conscientizar os homens em relação aos animais, elevando o entendimento destes ao patamar de espíritos em evolução, interligando-os na relação com o planeta, a natureza e o estabelecimento da paz, sempre focando seus princípios no evangelho de Jesus e na doutrina espírita".

A palestra pública de Marcel Benedeti, em agosto de 2009, significou o primeiro passo para darmos início, em nossa instituição, a um estudo sério e continuado sobre o assunto. Meses depois, recebi farto material de estudo do grupo dele, que serviria como roteiro seguro para a futura implantação de um trabalho de assistência espiritual aos irmãos menores animais. Passado mais algum tempo, fiz — em companhia de meu esposo — uma visita ao Grupo Fraternal Francisco de Assis, em São Bernardo do Campo (SP), para conhecermos de perto a forma de desenvolvimento desse tipo de atividade, a qual, inclusive, havia sido implantada naquela instituição espírita pelo próprio Dr. Marcel Benedeti, poucos meses antes de desencarnar, em 1º de fevereiro de 2010, aos 47 anos de idade.

Os ensinamentos deixados por ele, como líder de um movimento espírita em defesa dos irmãos menores animais, permaneceram indeléveis, e sua iniciativa teve prosseguimento em nova instituição fundada por alguns membros de sua equipe inicial em 10 de maio de 2010, sob a denominação "Grupo Irmãos Animais", com sede no Centro Espírita Auta de Souza (SP). Seguindo fielmente as orientações deixadas por Marcel Benedeti, o Grupo Irmãos Animais entende "que a caridade com todos os seres da criação está em primeiro lugar, sem nunca sair dos preceitos da doutrina espírita, à qual Marcel Benedeti sempre foi fiel".

A iniciativa pioneira desse médico-veterinário espírita, seu exemplo de coragem e determinação para levar à frente seu ideal de amor aos irmãos menores animais redundaram em boas sementes, que continuarão florescendo aqui e acolá. Novos trabalhos de atendimento espiritual a animais vêm sendo instalados em várias casas espíritas no Brasil. Por oportuno, vale lembrar as seguintes reflexões de Allan Kardec[3], relacionadas ao caráter progressista da doutrina espírita:

> Um último caráter da revelação espírita, a ressaltar das condições mesmas em que ela se produz, é que, apoiando-se em fatos, tem que ser, e não pode deixar de ser, essencialmente progressiva, como todas as ciências de observação. Pela sua substância, alia-se à Ciência que, sendo a exposição das leis da Natureza, com relação a certa ordem de fatos, não pode ser contrária às leis de Deus, autor daquelas leis. As descobertas que a Ciência realiza, longe de o rebaixarem, glorificam a Deus; unicamente destroem o que os homens edificaram sobre as falsas ideias que formaram de Deus (grifos nossos).
>
> [...]
>
> [...] Caminhando de par com o progresso, o Espiritismo jamais será ultrapassado, porque, se novas descobertas lhe demonstrassem estar em erro acerca de um ponto qualquer, ele se modificaria nesse ponto. Se uma verdade nova se revelar, ele a aceitará.

---

3 KARDEC, Allan. *A gênese*: os milagres e as predições segundo o espiritismo. 36. ed. Rio de Janeiro: FEB, 1995.

Em relação às palavras de Kardec, de que o espiritismo marcha com o progresso, cabe-nos lembrar um importantíssimo passo dado em favor dos irmãos menores animais, em julho de 2012, com a publicação, na imprensa mundial, da "Declaração de Cambridge sobre a Consciência em Animais Humanos e Não Humanos"[4] — o chamado "Manifesto de Cambridge", assinado por 25 cientistas que chegaram à conclusão de que os animais são seres sencientes, ou seja, têm capacidade de sentir alegria, prazer, dor, tristeza, medo, depressão.

Dessa forma, procura-se, na atividade ora em destaque, atender a três aspectos fundamentais da doutrina espírita: *seu caráter progressista*; o exercício do amor transmutado em *benevolência*, conforme nos ensina Jesus; a compreensão inequívoca do cumprimento de mais uma vertente contida no conhecido lema espírita "Fora da caridade não há salvação".

Nas próximas páginas, procurei reunir os principais aspectos relacionados ao tema "espiritualidade dos animais", expressos em trabalhos de pesquisa e em artigos de autores espíritas reconhecidos, contemporâneos de Allan Kardec, Codificador do Espiritismo, ou atuais. Apresento, ainda, um roteiro prático, que poderá ser útil às casas espíritas que tiverem o desejo de acrescentar, às suas atividades espíritas de rotina, a de assistência espiritual aos irmãos menores animais, conforme foi implantado na Associação Espírita Encontro Fraterno (AEEF), no dia 22 de novembro de 2014.

> Não digas que a grandeza de Deus te dispensa do bem a realizar. Deus é a Luz do Universo, mas podes acender uma vela e clarear o caminho para muitos seres dentro da noite. Deus é amor, entretanto, onde a necessidade apareça, guardas o privilégio de oferecer a migalha de socorro que comece a restaurar o equilíbrio da vida. Lembremo-nos que Deus pode fazer tudo, mas reservou-nos algo para realizar, por nós mesmos, de modo a sermos dignos de Seu nome.[5]

Vale registrar, com satisfação, que outra casa espírita, sediada em Blumenau, juntou-se à iniciativa da AEEF, tendo

4 Disponível em: <https://fcmconference.org/>.
5 EMMANUEL (Espírito). *Livro de respostas*. [Psicografado por] Francisco Cândido Xavier. São Paulo: FEB, s./d.

começado também um trabalho de assistência espiritual aos irmãos menores animais a partir de 2016. Trata-se da instituição denominada Comunidade Caridade Sem Fronteiras.

Naturalmente, a implantação e a subsequente manutenção desse tipo de atividade deverão estar sempre subordinadas a um preparo prévio e continuado da equipe de trabalho, com estudos que abranjam tanto as obras relacionadas ao assunto como, principalmente, as que formam o arcabouço da codificação espírita.

Madalena Parisi Duarte (Organizadora)

Irmão de Jesus[6]
Joanna de Ângelis/Divaldo P. Franco

Ele se fez o irmão da pobreza, a fim de que ela ficasse digna e enriquecedora. Ele se tornou o irmão da Natureza, de forma que todos vissem o Pai Criador nela refletido.

Ele se transformou no irmão das aves, elevando-as a condições superiores.

Ele se condicionou como o irmão dos animais, descendo à mais bela comunhão de solidariedade que se conhece.

Ele se consagrou como irmão dos astros, revelando sua realidade estelar.

Ele dialogou com todos: os ricos e os pobres, as águas e os servos da vida, saudáveis e enfermos, abençoando-os e atraindo-os a si com a força irresistível do amor.

Rico, tornou-se tão pobre que a sua fortuna era nada possuir.

Cantor, dirigiu a música da sua voz para falar em nome de todas as vozes, principalmente daqueles que, miseráveis no mundo, haviam perdido o direito de ter voz.

Numa época na qual os homens se isolavam nos castelos e palácios, se escondiam em choças miseráveis, ele se ergueu como ponte, unindo as criaturas.

Todos levantavam paredes, e Francisco derrubava-as.

Enquanto se apresentavam e se mantinham distâncias, ele surgiu como aproximação.

Ninguém que amasse tanto quanto ele amava.

Depois do Amigo, jamais alguém que houvesse sido fiel, tão irmão de todos.

Hoje, a sua voz ainda prossegue chamando as almas para Deus.

---

6 DIVERSOS Espíritos. Irmão de Jesus. In: *Sob a proteção de Deus*. [Psicografado por Divaldo P. Franco]. 4. ed. Salvador: LEAL, 2009, p. 153-5.

A força do seu verbo continua arrebatando, porque penetra o mais profundo do ser humano, e quem a ouve nunca mais deixa de escutar-lhe o cântico.

Os silêncios de suas meditações falam alto.

A sua ternura comove e convence.

Ela é indimensional na sua pequenez, na sua singeleza.

A morte não o calou, a fragilidade orgânica não lhe impediu o dever de atender ao chamado do seu Senhor.

Ele continua incorruptível no ministério que mudou, em plena Idade Média, os rumos da fé e do amor.

Quando a decadência político-religiosa se lhe anunciava, como decorrência do abuso do poder e das arbitrariedades, Francisco dignificou a criatura humana, colocando-a em patamares elevados, e propôs-lhe a felicidade com Jesus.

O mundo, depois dele, ficou diferente, qual sucedeu antes com o do seu Amado.

A simplicidade enfrentou a afronta; a pureza não temeu a perversão.

Ele não é somente um símbolo, mas a realidade do próprio amor.

O seu psiquismo prossegue envolvendo a Terra, e todos aqueles que sintonizam com a sua vibração experimentam paz e se enriquecem de esperança.

Quando a irmã morte se lhe acercou, ele recebeu-a sorrindo, saudou-a com uma canção: "Louvado sejas, meu Senhor, pela nossa morte corporal, da qual nenhum homem vivente pode escapar" ... e penetrou de retorno na Esfera dos Justos, sob o carinho do Seu Pleno Amor."

Princípios básicos da doutrina espírita
Gildo Barbosa da Silva Filho

Queridos irmãos,

As contingências atuais nos apontam a urgência de uma visão social conjunta, em que a superioridade evolutiva dos seres humanos se manifeste em ampla e profunda responsabilidade em relação a todos os seres e recursos planetários sob a nossa tutela. Portanto, esta obra, organizada pela querida irmã Madalena Parisi Duarte, vem ao encontro dos anseios de boa parte das pessoas que atentam para a nova realidade para a qual, enfim, estamos a despertar.

Alguns podem argumentar que o conteúdo deste livro poderá interessar somente aos espíritas, mas nos permitam discordar da afirmação. Certamente, anelamos pela aceitação da sociedade espírita para os aspectos devidamente comprovados, fundamentalmente, pela ciência, filosofia e moral espírita a respeito da evolução anímica dos nossos irmãos menores. Mas, não podemos nos iludir e, infelizmente, haveremos de amargar as manifestações discordantes dentro do meio espírita sobre o tema, e a esse respeito não nos cabe oferecer análise neste momento. Porém, um ponto indiscutível é que muitas pessoas, fora do movimento espírita, já se sensibilizaram para os aspectos transcendentes da nossa condição de mordomia em relação a todos os recursos e seres que a providência divina colocou sob a nossa responsabilidade. Diga-se, de passagem: discernimento, moralidade e responsabilidade independem de conceitos filosóficos e religiosos.

Dessa forma, acreditamos ser pertinente elencarmos alguns preceitos apresentados em obras basilares da doutrina espírita que fundamentam não só a necessidade citada, do nosso despertamento individual e coletivo, como também as razões pelas quais aderimos ao conceito de Francisco de Assis, quando chamou os animais pelo carinhoso qualificativo de "nossos irmãos menores".

Obviamente, aqueles que acreditam já terem o conhecimento dessas bases doutrinárias espíritas podem optar por passar à leitura dos temas subsequentes, sem perda de qualidade no conteúdo apresentado.

No tópico "Introdução ao estudo da doutrina espírita", em *O Livro dos Espíritos*[7], Allan Kardec nos apresenta os seguintes conceitos:

> — Deus é eterno, imutável, imaterial, único, onipotente, soberanamente justo e bom;
>
> — criou o Universo, que abrange todos os seres animados e inanimados, materiais e imateriais;
>
> — os seres materiais constituem o mundo visível ou corpóreo, e os seres imateriais, o mundo invisível ou espírita, isto é, dos Espíritos;
>
> — o mundo espírita é o mundo normal, primitivo, eterno, preexistente e sobrevivente a tudo;
>
> — o mundo corporal é secundário; poderia deixar de existir, ou não ter jamais existido, sem que por isso se alterasse a essência do mundo espírita;
>
> — os Espíritos revestem temporariamente um invólucro material perecível, cuja destruição pela morte lhes restitui a liberdade;
>
> [...];
>
> — a alma é um Espírito encarnado, sendo o corpo apenas o seu envoltório;
>
> [...];
>
> — tem assim o homem duas naturezas: pelo corpo, participa da natureza dos animais, cujos instintos lhe são comuns; pela alma, participa da natureza dos Espíritos;
>
> — o laço ou perispírito, que prende ao corpo o Espírito, é uma espécie de envoltório semimaterial. A morte é a destruição do invólucro mais grosseiro. O Espírito conserva o segundo, que lhe constitui um corpo etéreo, invisível para nós no estado normal, porém, que pode

---

7 KARDEC, Allan. *O livro dos espíritos*: filosofia espiritualista. 93. ed. Brasília: FEB, 2013.

tornar-se acidentalmente visível e mesmo tangível, como sucede no fenômeno das aparições;

— o Espírito não é, pois, um ser abstrato, indefinido, só possível de conceber-se pelo pensamento. É um ser real, circunscrito, que, em certos casos, se torna apreciável pela vista, pelo ouvido e pelo tato;

[...];

— os Espíritos não ocupam perpetuamente a mesma categoria. Todos se melhoram passando pelos diferentes graus da hierarquia espírita. Esta melhora se efetua por meio da encarnação, que é imposta a uns como expiação, a outros como missão. A vida material é uma prova que lhes cumpre sofrer repetidamente, até que hajam atingido a absoluta perfeição moral;

Mais adiante, no capítulo "Do princípio vital", no tópico "Inteligência e instinto", Kardec nos diz que:

[...] A inteligência e a matéria são independentes, [...]. Mas a inteligência só por meio dos órgãos materiais pode manifestar-se. [...] Necessário é que o espírito se una à matéria animalizada para intelectualizá-la.
A inteligência é uma faculdade especial, peculiar a algumas classes de seres orgânicos e que lhes dá, com o pensamento, a vontade de atuar, a consciência de que existem e de que constituem uma individualidade cada um, assim como os meios de estabelecerem relações com o mundo exterior e de proverem às suas necessidades. (Questão 71)
[...]
[...] os Espíritos são os seres inteligentes da Criação. [...]. (Questão 76)

O espírito necessita de instrumentos de manifestação. O perispírito, ou princípio intermediário, é o principal instrumento de manifestação do espírito; arquivo de todas as experiências multimilenares da individualidade e modelo organizador biológico, que determina a forma física adequada às experiências necessárias durante as existências físicas nos vários estágios evolutivos do ser.

O perispírito é uma substância "semimaterial, isto é, de natureza intermédia entre o Espírito e o corpo. É preciso que seja assim para que os dois possam comunicar-se um com o outro. Por meio desse laço é que o Espírito atua sobre a matéria e reciprocamente".[8] (Questão 135a)

Portanto, a individualidade espiritual é composta do espírito (princípio inteligente) e seu perispírito.

Quanto mais inferior o ser, mais grosseiro é o perispírito, menos organizado e mais impede que os atributos espirituais se manifestem. Por isso, afirma-se que os espíritos são criados simples e ignorantes. À medida que se intensifica a atuação lúcida do princípio inteligente sobre a matéria, pela ação da vontade (atributo de essência divina presente no princípio inteligente), acelera-se o aprimoramento do perispírito e o indivíduo consegue exteriorizar mais facilmente os seus atributos de essência divina.

Instigado pelas experiências materiais, a individualidade espiritual, tendo a vontade como reagente[9], vai, vagarosamente, organizando o perispírito. Trata-se de um processo evolutivo que se desenvolve pela eternidade, do átomo ao arcanjo, como nos orientam os Espíritos Superiores na questão 540 de *O Livro dos Espíritos*.

Os inúmeros modelos inferiores ao estágio de humanidade têm por objetivo desenvolver o envoltório fluídico, dar-lhe plasticidade, fixando nele as leis cada vez mais complexas que regem as formas vivas, promovendo, assim, a modificação do perispírito, com o progresso que o espírito realiza a cada encarnação.[10]

Na planta, a inteligência dormita; no animal, sonha; só no homem acorda, conhece-se, possui-se e torna-se consciente.[11]

---

8 KARDEC, Allan. *O livro dos espíritos*: filosofia espiritualista. 93. ed. Brasília: FEB, 2013.

9 KARDEC, Allan. Do laboratório do mundo invisível. In: *O livro dos médiuns, ou, guia dos médiuns e dos evocadores*: espiritismo experimental. 49. ed. Brasília: FEB, 2013.

10 DELLANE, Gabriel. A evolução da alma. In: *Evolução anímica*. Limeira: Conhecimento, 2008.

11 DENIS, Léon. *O problema do ser, do destino e da dor*. Rio de Janeiro: FEB, 2014.

Allan Kardec: breve biografia
Madalena P. Duarte

Hippolyte-Léon Denizard Rivail nasceu em 3 de outubro de 1804 em Lyon, França. Nessa cidade de curiosas tradições gaulesas fez seus primeiros estudos, completados, posteriormente, em Yverdon, Suíça, no Instituto Pestalozzi, criado e dirigido pelo renomado educador Johann Heinrich Pestalozzi, inspirador dos modernos métodos da Pedagogia.

Nessa escola-modelo da Europa, o aluno Rivail chamava a atenção do professor Pestalozzi por sua notável inteligência e valor moral. Aos 14 anos, já ensinava o que sabia aos colegas que precisassem de algum apoio.

Após a conclusão de seus estudos em Yverdon, Rivail instalou-se em Paris, cidade em que planejara continuar seus estudos superiores. Tornou-se, bem jovem ainda, mestre em Letras e em Ciências, além de ter estudado várias línguas, entre as quais o alemão, pela qual tinha particular domínio, inclusive como tradutor.

Na Rue de Sèvres, 35, sob a inspiração das experiências pedagógicas vividas no Instituto Pestalozzi, abriu uma escola técnica, oferecendo cursos gratuitos de Química, Astronomia, Física e Anatomia Comparada, com ensino baseado no desenvolvimento paralelo das qualidades intelectuais, morais e físicas de seus jovens alunos.

A esse tempo, no mundo literário de Paris veio a conhecer a professora de Letras e Belas Artes e poetisa Amélie-Gabrielle Boudet, com quem se casou em 9 de fevereiro de 1832.

Educador por excelência e profundamente dedicado à área do ensino em geral, Rivail publicou vários livros didáticos, entre os quais: *Curso Teórico e Prático de Aritmética Segundo o Método de Pestalozzi, para Uso dos Professores e*

Mães de Família (1824); *Plano Proposto para Melhoramento da Instrução Pública* (1828); *Gramática Francesa Clássica* (1831); *Manual dos Exames para os Títulos de Capacidade; Soluções Racionais das Questões e Problemas de Aritmética e Geometria* (1846); *Catecismo Gramatical da Língua Francesa* (1848); *Ditados Normais dos Exames da Municipalidade e da Sorbonne e Ditados Especiais Sobre as Dificuldades Ortográficas* (1849), além de elaborar e ministrar programas de cursos de Física, Química, Astronomia e Fisiologia.

Aos cinquenta anos de idade, um grande desafio começou a despontar na vida do professor Rivail. Foi quando, em 1854, ouviu falar pela primeira vez das "mesas girantes", por meio de seu amigo Fortier, com quem conversava sobre magnetismo, e que o convidou a assistir a uma reunião dessas mesas também "falantes".

Com certa desconfiança e ceticismo sobre tal fenômeno, Rivail aceitou o convite, porém esclareceu, logo de início: "Só acreditarei quando o vir e quando me provarem que uma mesa tem cérebro para pensar, nervos para sentir e que possa tornar-se sonâmbula. Até lá, permita que eu não veja no caso mais do que um conto para fazer-nos dormir em pé".[12]

Poucos meses depois, outro amigo — Sr. Carlotti —, também o convidou, entusiasticamente, para o mesmo fim.

Depois de participar de algumas sessões e desejoso de atribuir objetivos mais sérios às reuniões, que até então se ocupavam de assuntos triviais, Rivail deu início a algumas pesquisas sérias sobre os fatos que presenciava. Porém, atribulado com seu próprio trabalho, a certa altura pensou em desistir. Nessa ocasião, alguns amigos — confiantes em suas inequívocas qualidades como professor e hábil pesquisador —, entregaram-lhe cinquenta cadernos com importantes relatos sobre diversas manifestações espíritas recebidas por médiuns de várias partes do mundo. Insistindo para que permanecesse, pediram-lhe, então, que organizasse tais informações em forma de livro: este viria a ser *O Livro dos Espíritos*.

Em 30 de abril de 1856, recebeu uma mensagem especial: um espírito que se denominou "Verdade" revelou-lhe a

12 KARDEC, Allan. A minha primeira iniciação no espiritismo. In: *Obras póstumas*. 41. ed. Rio de Janeiro: FEB, 2019.

O Animal na Casa Espírita

missão que deveria desenvolver: o arcabouço de uma nova doutrina.

Cumprindo fielmente a incumbência de ordem superior que lhe fora confiada, em 18 de abril de 1857 Kardec deu publicidade a *O Livro dos Espíritos*, contendo perguntas feitas através de diferentes médiuns e as respectivas respostas dadas por espíritos superiores.

Para não confundir tal trabalho com a sua própria produção pedagógica, Rivail adotou, então, o pseudônimo de Allan Kardec, nome com que fora conhecido em vida pretérita como druida, na Gália, conforme lhe revelara um espírito familiar.

Em sua obra como codificador, Allan Kardec nos esclarece plenamente o objetivo da doutrina espírita:

> Ministrando a prova material da existência e da imortalidade da alma, iniciando-nos em os mistérios do nascimento, da morte, da vida futura, da vida universal, tornando-nos palpáveis as inevitáveis consequências do bem e do mal, a Doutrina Espírita, melhor do que qualquer outra, põe em relevo a necessidade da melhoria individual. Por meio dela, sabe o homem donde vem, para onde vai, por que está na Terra; o bem tem um objetivo, uma utilidade prática. Ela não se limita a preparar o homem para o futuro, forma-o também para o presente, para a sociedade. Melhorando-se moralmente, os homens prepararão na Terra o reinado da paz e da fraternidade.[13]

Trabalhando infatigavelmente, Allan Kardec produziu ainda as seguintes obras, além de *O Livro dos Espíritos* (parte filosófica: 18/4/1857): *O Livro dos Médiuns*[14] (parte experimental e científica: janeiro de 1861); *O que é o Espiritismo*[15] (resumo em forma de perguntas e respostas); *O Evangelho segundo o Espiritismo*[16] (parte moral: abril de 1864); *O Céu e o Inferno ou A Justiça Divina Segundo o Espiritismo*[17] (agos-

---

13 KARDEC, Allan. Credo espírita: preâmbulo. In: *Obras póstumas*. 41. ed. Rio de Janeiro: FEB, 2019.
14 KARDEC, Allan. *O livro dos médiuns, ou, guia dos médiuns e dos evocadores*: espiritismo experimental. 49. ed. Brasília: FEB, 2013.
15 KARDEC, Allan. *O que é o espiritismo*. 56. ed. Brasília: FEB, 2013.
16 KARDEC, Allan. *O evangelho segundo o espiritismo*. 131. ed. Brasília: FEB, 2013.
17 KARDEC, Allan. *O céu e o inferno, ou, a justiça divina segundo o espiritismo*. 61. ed. Brasília: FEB, 2013.

to de 1865); *A Gênese, os Milagres e as Predições* (janeiro de 1868); *Revista Espírita* (jornal mensal de estudos psicológicos (janeiro de 1858).

Em Paris, em 1° de abril de 1858, Allan Kardec fundou a Sociedade Parisiense de Estudos Espíritas, primeira sociedade espírita regularmente constituída.

Em 31 de março de 1869, aos 65 anos de idade, Allan Kardec desencarnou devido à ruptura de um aneurisma. Seus restos mortais repousam no cemitério Père-Lachaise, em Paris.

Ao discursar em seu enterro, seu grande amigo, o renomado astrônomo Camille Flammarion, o chamou de "O bom senso encarnado".

Allan Kardec e a evolução
(Excertos)

O Espírito não chega a receber a iluminação divina, que lhe dá, simultaneamente com o livre-arbítrio e a consciência, a noção de seus altos destinos, sem haver passado pela série divinamente fatal dos seres inferiores, entre os quais se elabora lentamente a obra de sua individualidade.[18]

a) Então, emanam de um único princípio a inteligência do homem e a dos animais?

"Sem dúvida alguma, porém no homem passou por uma elaboração que a coloca acima da que existe no animal."[19]

Desde que o princípio inteligente atinge o grau necessário para ser Espírito e entrar no período da humanização, já não guarda relação com o seu estado primitivo e já não é a alma dos animais, como a árvore já não é a semente.[20]

Já não dissemos que tudo na Natureza se encadeia e tende para a unidade? Nesses seres, cuja totalidade estais longe de conhecer, é que o princípio inteligente se elabora, se individualiza pouco a pouco e se ensaia para a vida, conforme acabamos de dizer.[21]

[...]

É assim que tudo serve, que tudo se encadeia na Natureza, desde o átomo primitivo até o arcanjo, que também começou por ser átomo.[22]

---

18 KARDEC, Allan. *A gênese*: os milagres e as predições segundo o espiritismo. 36. ed. Rio de Janeiro: FEB, 1995, p. 103.
19 KARDEC, Allan. *O livro dos espíritos*: filosofia espiritualista. 93. ed. Brasília: FEB, 2013, p. 288.
20 KARDEC, op. cit., p. 290.
21 KARDEC, op. cit., p. 288.
22 KARDEC, op. cit., p. 264.

Ainda que isso lhe fira o orgulho, tem o homem que se resignar a não ver no seu corpo material mais do que o último anel da animalidade na Terra. Aí está o inexorável argumento dos fatos, contra o qual seria inútil protestar.[23]

Nessa origem, coisa alguma há de humilhante para o homem. [...] Reconhecei a grandeza de Deus nessa admirável harmonia, mediante a qual tudo é solidário na Natureza. Acreditar que Deus haja feito, seja o que for, sem um fim, e criado seres inteligentes sem futuro, fora blasfemar da sua bondade, que se estende por sobre todas as suas criaturas.[24]

Assim como a natureza angélica provém da humana, a humanidade provém da animalidade, e esta do reino vegetal, o qual tem origem no mundo mineral.[25]

Para fazer justiça a Deus, é necessário admitir que toda criatura viva possui direitos diante do Criador, que o progresso lhe descortina um caminho sem limites, e que, partindo de mais abaixo que o homem, de tão longe que nossa visão não ousa alcançar, ela chegará tão alto quanto o espírito mais evoluído, nessa jornada para o infinito.[26]

---

23 KARDEC, Allan. *A gênese*: os milagres e as predições segundo o espiritismo. 36. ed. Rio de Janeiro: FEB, 1995, p. 181.
24 KARDEC, Allan. *O livro dos espíritos*: filosofia espiritualista. 93. ed. Brasília: FEB, 2013, p. 289.
25 *Revista Espírita*, maio de 1870.
26 *Revista Espírita*, abril de 1870.

Sobre a alma animal: nos degraus da evolução
Cairbar Schutel[27]

O orgulho humano cavou um abismo intransponível entre o reino hominal e o reino animal.

A falta de estudo, de observação, de meditação, em uma palavra, a ignorância presunçosa, permitiu o destaque do homem, classificando-o como um ser à parte na Criação. Afinal,

> Não é fácil ao homem aceitar a tese de que os animais têm alma, apegado que está à ideia de que o gênero humano é privilegiado perante as leis que presidem à Criação. É penoso para ele, do alto de seu milenar orgulho, admitir que o Espírito, centelha divina, encarnando brilhantes inteligências, cursando universidades e institutos científicos, passou pela fieira animal, ali ensaiando os passos iniciais da maravilhosa senda evolutiva.[28]

A velha legenda bíblica — façamos o homem à nossa imagem e semelhança —, tomada à letra, não poderia deixar de concorrer exuberantemente para a desclassificação dos animais da ordem hierárquica que prende todas as almas, sem solução de continuidade, sem lacunas apreciáveis.

A escala animal, situada em um dos reinos da natureza, não pode deixar de obedecer às irrevogáveis leis de Deus, que se verificam em toda a Criação, desde o grão de areia soprado pelo vento dos desertos ao mais fulgurante Sol que se agita e caminha com extraordinária velocidade nos desertos do espaço, em demanda das grandes constelações, atraído pela força de gravitação.

27 Grande propagador da doutrina espírita, conhecido no movimento espírita, principalmente no estado de São Paulo, como o "Apóstolo de Matão". Ver: SCHUTEL, Cairbar. *Gênese da alma*. Matão: O Clarim, 2011.

28 PERALVA, J. Martins. A alma dos animais. *Reformador*, Brasília, p. 214-5, jul. 1990.

Como interpretar nosso parentesco com os animais? "Considerando que eles igualmente possuem, diante do tempo, um porvir de fecundas realizações, através de numerosas existências chegarão, um dia, ao chamado reino hominal, como, por nossa vez, alcançaremos, no escoar dos milênios, a situação de angelitude.[29]

Na natureza tudo se encadeia, tudo se liga; é uma corrente infinita em que todas as coisas e todos os seres, presos pelos mesmos elos, tendem sempre para um estado melhor: tudo tem por alvo o progresso, a evolução para a perfeição; só Deus, o supremo criador de todas as coisas, é a perfeição infinita, a luz misteriosa e eterna, a fonte de toda a sabedoria e de toda a vida!

> É assim que tudo serve, que tudo se encadeia na Natureza, desde o átomo primitivo até o arcanjo, que também começou por ser átomo. Admirável lei de harmonia, que o vosso acanhado espírito ainda não pode apreender em seu conjunto![30]
>
> [...]
>
> É, de certo modo, um trabalho preparatório, como o da germinação, por efeito do qual o princípio inteligente sofre uma transformação e se torna Espírito.[31]

Não há santo nem sábio, por maior que seja, que não esteja caminhando para estágios de maior perfeição; assim como não há ente animado, por mais insignificante que pareça, por mais microscópico que seja, que não esteja submetido à Lei da Evolução, decretada pelos desígnios divinos.

Tudo caminha pela grande estrada da vida rumo ao ápice da montanha, do progresso humano, realizado para exercitar passos de maior ascensão pelos degraus da interminável escadaria da espiritualidade, onde, em cada andar, todos recebem nova previsão de experiências para prosseguimento da eterna viagem, na qual conquistam, cada vez, mais conhecimentos e, portanto, gozam de maior soma da felicidade que

---

29 EMMANUEL (Espírito). *O consolador*. [Psicografado por] Francisco Cândido Xavier. 29. ed. São Paulo: FEB, 2017.
30 KARDEC, Allan. *O livro dos espíritos*: filosofia espiritualista. 93. ed. Brasília: FEB, 2013, p. 264.
31 KARDEC, op. cit., p. 288.

engrandece as suas individualidades.

Quanto mais alto se coloca o ser, mais amplos são os horizontes que descortina, mais penetrante é sua vista, mais lúcida a sua inteligência, maior o seu amor, maior a sua liberdade! Em vez de diminuir, cresce; em vez de perder a individualidade, aumenta-a; sua razão ilumina-se e os generosos sentimentos que lhe assinalam a existência são forças de que ele se serve a serviço do Bem e do Belo, para glorificação da Imortalidade, de que se constitui paradigma.

Alma-grupo e o espiritismo
Wilson Rodrigues Junior

Estudar o espiritismo é fundamental para quem se propõe a trabalhar pela doutrina. Mas, o que parece básico, óbvio, nem sempre é o que se nota entre os confrades, principalmente quando se toca na questão dos animais. Ainda se ouvem e se leem muitos conceitos errôneos, equivocados, oriundos de preconceitos estabelecidos ou por pura falta de estudo mesmo. Por isso, é importante pontuarmos alguns aspectos no que se refere ao assunto proposto: alma-grupo.

Kardec deixou claro, nas primeiras questões de *O Livro dos Espíritos*[32], que *princípio inteligente* é sinônimo de espírito (que, por sua vez, é sinônimo de *alma*, descrito na introdução da primeira obra básica da doutrina). Também é muito comum ouvirmos no meio espírita que os animais não têm alma ou espírito, mas princípio inteligente. Talvez, por isso, se pense que os animais façam parte de uma alma-grupo.

Importa ressaltar que esse conceito (que é a perda da individualidade após a morte) fazia parte da Teosofia, apresentada ao mundo também no século XIX pela escritora ucraniana Helena Blavatsky (12.08.1831-08.05.1891). De acordo com essa filosofia, "um animal, durante sua vida no plano físico e durante algum tempo depois no plano astral, tem uma alma tão individual e separada como a do homem". Até aqui, há semelhança com os conceitos espíritas. Porém, complementando o pensamento teosófico: "Mas, quando o animal termina sua vida astral, não se reencarna em outro corpo e, sim, retorna a uma espécie de reservatório de matéria anímica que chamamos de alma-grupo".[33] Aí existe uma diferença grande

---

32 KARDEC, Allan. *O livro dos espíritos*: filosofia espiritualista. 93. ed. Brasília: FEB, 2013.
33 WEBSTER, Charles L. *Os mestres e a senda*. São Paulo: Pensamento, 1975.

com o que deixou Allan Kardec com a ajuda dos amigos espirituais.

Em *Obras Póstumas*, o mestre lionês nos explica que

> A sobrevivência [da alma] à morte do corpo está provada de maneira irrecusável e até certo ponto palpável pelas comunicações espíritas. Sua individualidade é demonstrada pelo caráter e pelas qualidades peculiares a cada um. Essas qualidades, que distinguem umas das outras as almas, lhes constituem a personalidade. Se as almas se confundissem num todo comum, uniformes seriam as suas qualidades.[34]

Entretanto, em *O Livro dos Espíritos*, na questão 607-a, os defensores da teoria da alma-grupo justificam seus pensamentos com a resposta dada pelos espíritos, quando dizem "que o princípio inteligente se elabora, se individualiza pouco a pouco e se ensaia para a vida".[35]

Nunca é demais lembrar a importância de se estudar o espiritismo como um todo, utilizando o bom senso e a razão para evitar conclusões precipitadas. Por isso, voltando um pouco, na mesma obra (questão 598), Kardec, com a ajuda da equipe espiritual, tira essa dúvida quando diz que os animais conservam sua individualidade após a morte do corpo físico (mas não a consciência de si mesmos).

Diante do exposto, não se pode deixar de mencionar a convivência de perto com nossos irmãos menores. Percebem-se claramente diferenças sensíveis entre um e outro animal, ainda que da mesma espécie, e mesmo aqueles que foram criados juntos. Alguns comportamentos e atitudes podem ser semelhantes, mas a individualidade de cada um está ali preservada.

Nosso querido e saudoso irmão Marcel Benedeti se posicionou com muita propriedade em sua primeira obra publicada, ao dizer que "um grupo de almas, em mesma sintonia vibratória, tem como resultado evolução e interdependência".[36]

Tanto nós, humanos, como nossos irmãos menores animais

34 KARDEC, Allan. *Obras póstumas*. 41. ed. Rio de Janeiro: FEB, 2019, p. 34.
35 KARDEC, Allan. *O livro dos espíritos*: filosofia espiritualista. 93. ed. Brasília: FEB, 2013, p. 288.
36 BENEDETI, Marcel. *Todos os animais são nossos irmãos*. São Paulo: Mundo Maior, 2008.

caminhamos na senda do progresso, cada um em seu estágio evolutivo, para um dia, depois de muitas e muitas experiências, neste e em outros planos da vida, atingirmos a fase de angelitude.

Particularmente, acredito no seguinte: hoje, quem está nos auxiliando no lado espiritual, talvez, em seu estágio de humanidade primitiva, tenha tido como tutelado um de nós, que estamos, aqui e agora, vivendo essa experiência de encarnados neste planeta de provas e expiações. Quem sabe, quando atingirmos essa fase mais evoluída, a de mentor espiritual, possamos auxiliar o progresso evolutivo dos nossos irmãos que hoje estagiam na fase de animalidade. Quem sabe... É apenas uma teoria, um pensamento, não embasado em qualquer obra até hoje publicada.

Mestre e discípulo
Psicografado por M.C.

Quando, no plano espiritual, eu era um aprendiz (o mais humilde de todos) de um Instrutor de infinita sabedoria, fomos um dia ao plano terrestre. Esse grande mestre sempre tinha amado muito os irmãos menores dos homens, os animais. E a seus aprendizes sempre ensinara que uma alma imortal crescia em cada um deles, e merecia não só o amor como a reverência de todos, como centelha divina adormecida.

Levou-nos, nesse dia, a presenciar a partida para o outro lado da vida de um animalzinho que vivia com uma velha senhora, de quem era o melhor amigo. Tinham sido companheiros durante muitos anos e, agora, a chama de vida do animalzinho — um gato já velhinho — se extinguira suavemente e, finalmente, como uma vela, se apagara, como se os ventos do outono que chegava a tivessem soprado.

Havia uma dor infinita no coração da velha senhora. Todo o amor que sentia pelo seu pequeno amigo se liquefazia nos olhos dela e tombava em silêncio, enquanto acariciava o pequeno corpo adormecido para sempre.

No outro lado, um auxiliar invisível já tinha nos braços o corpo astral do animalzinho adormecido. Sabíamos que as consciências de animais já mais evoluídos, e em especial os domésticos, não retornam mais inconscientes ao espírito-grupo da espécie[37], mas são conduzidas a um plano de descanso, onde seres carinhosos os guiam depois no retorno a novos corpos. Até que, no desdobrar-se dos horizontes imensos da evolução, o campo mental deles esteja tão sensibilizado que

---

37 Conjunto de princípios espirituais que "se ensaiam para a vida". Ver: KARDEC, Allan. *O livro dos espíritos*: filosofia espiritualista. 93. ed. Brasília: FEB, 2013, p. 264. Questão 540.

possa ser despertado, e eles entrem finalmente pela porta da humanidade — de alguma humanidade de um planeta físico.

Para nos ensinar a lição que jamais se apagou, mais eloquente que mil discursos, o amoroso instrutor nos tocou a fronte, aprofundando nossa capacidade de visão, e nos apontou o incipiente campo mental do pequeno ser, que bruxuleava como uma contraparte ovalada e transparente do pequeno corpo astral adormecido.

No momento em que o auxiliar desligou agilmente o pequeno cordão prateado que unia a forma astral do animalzinho a seu desgastado corpo físico, deitado como um traje de pelúcia abandonado, vimos um relâmpago de cor viva, como um pequeno e fulgurante raio de sol, surgir de repente e alojar-se no campo mental do pequeno ser. Erguemos olhos interrogativos para o amigo, que sorriu docemente e explicou:

— É a essência mental adquirida durante essa existência dele... Os animais que são muito amados, crescem em consciência junto de seus amigos humanos. Cada troca de afeto, cada esforço que o animal faz para "entender" os desejos de seu dono, para agradá-lo, por amor, estimula o seu campo mental embrionário. Esse impulso de compreender o que lhe transmite seu "mentor" humano, a quem venera, é um despertador do mental adormecido. Esse pequeno ser foi muito amado, portanto, muito amou, e na sua ânsia de compreender e agradar a amiga humana, ganhou muito...

E apontou o suave matiz amarelo bem pálido que fora se alojar no ainda transparente campo mental do animalzinho, que, com isso, se coloriu como uma bolha de sabão banhada por um reflexo de luz solar. Ficou um pouco mais nítido, mais definido, e soubemos que era uma aquisição para sempre. Subira um pequeno, mas eficiente degrau da porção inicial da extensa "escada de Jacó", cuja extremidade inferior mergulha na profundeza da matéria, enquanto a superior se acha entre os anjos.

Mas, de repente, algo acontecia. A forma espiritual do animalzinho começou a ser envolta por uma delicada luminosidade rosada, dentro da qual, em seguida, começaram a cair pequenas formas como estrelinhas prateadas, que mal conse-

O Animal na Casa Espírita

guíamos perceber, tão sutis eram. Acompanhamos o olhar do mestre, e percebemos: a velha senhora orava pelo seu companheirinho, com todo o amor que lhe dedicava. E uma cena inesquecível se seguiu.

Como alimentada pela transfusão daquela energia divina, a forma astral fez-se mais nítida, absorveu a luz rosada, e o animalzinho "despertou" no plano invisível. E, sem hesitar, deslizou dos braços do auxiliar e foi acomodar-se, delicadamente, no colo da querida criatura que fora sua amiga, companheira e, sem dúvida, a única divindade que a sua pequena consciência conhecera.

Ficaram ambos com as auras enlaçadas, numa troca indescritível de energias.

Porém, o mais incrível foi um fenômeno íntimo, que só o poder mental de nosso amado instrutor poderia nos ter proporcionado, por instantes, perceber.

Um feixe de fagulhas douradas, cintilando como setas solares, se projetou do coração da senhora, compondo um fino fio de luz, como um raio de sol, que uniu o seu ao pequeno coração do bichinho, e no centro do peito dele brilhou e se expandiu, por um instante, como minúscula estrela cadente que se acende e apaga, uma pequena irradiação de luz.

A comoção cintilava em nossos olhos e no silêncio de nossas frontes pendidas. A epopeia cósmica da evolução nos erguia uma ponta de seu véu.

Respondendo a nossas íntimas questões, a voz mental do instrutor chegou suavemente:

— Sim, esse fio dourado, o laço do amor que se cria entre os seres, quando vem do coração, não se destrói.

— Flui do poder divino que possuímos no centro do ser, e forjá-lo é de nossa vontade suprema.

E como nova indagação se erguesse, como tímida onda mental de um dos aprendizes:

— Quem sabe — respondeu como um sopro de ternura a sua mente iluminada — quando se poderão reencontrar... Em um futuro breve ou longínquo, em que formas, em que situação, sempre um mais velho e outro mais jovem, irmãos do Caminho, sempre guardando a distância de um degrau...

que o amor transpõe.

Tocou de leve a aura da velhinha, transmitindo-lhe o consolo de sua profunda compaixão.

E, com o sorriso de ternura divertida que lhe iluminava, às vezes, o olhar incomparável, acrescentou:

— Quem sabe, um dia, depois de infinitos horizontes, talvez como mestre e discípulo..."

E nossa mente voou, como flecha ousada, pelo cosmo interno de inenarráveis cogitações.

O perispírito[38] (Excertos)
Allan Kardec

André Luiz define períspirito como o *envoltório semimaterial do espírito, psicossoma em Mecanismos da Mediunidade*[39], ou *corpo espiritual* (*Evolução em dois Mundos*[40]; *Nosso Lar*[41]).

> — há no homem três coisas: 1°, o corpo ou ser material análogo aos animais e animado pelo mesmo princípio vital; 2°, a alma ou ser imaterial, Espírito encarnado no corpo; 3°, o laço que prende a alma ao corpo, princípio intermediário entre a matéria e o Espírito;
>
> [...]
>
> — o laço ou perispírito, que prende ao corpo o Espírito, é uma espécie de envoltório semimaterial. A morte é a destruição do invólucro mais grosseiro. O Espírito conserva o segundo, que lhe constitui um corpo etéreo, invisível para nós no estado normal, porém, que pode tornar-se acidentalmente visível e mesmo tangível, como sucede no fenômeno das aparições;
>
> [...]
>
> Envolvendo o germe de um fruto, há o perisperma; do mesmo modo, uma substância que, por comparação, se pode chamar perispírito, serve de envoltório ao Espírito propriamente dito.[42]
>
> O perispírito é mais ou menos etéreo, conforme os

---

38 Significado: *peri* (do grego) = em torno; *spiritus* (do latim) = espírito.

39 LUIZ, André (Espírito). *Mecanismos da mediunidade*. [Psicografado por] Francisco Cândido Xavier e Waldo Vieira. Rio de Janeiro: FEB, 2014.

40 LUIZ, André (Espírito). *Evolução em dois mundos*. [Psicografado por] Francisco Cândido Xavier e Waldo Vieira. Rio de Janeiro: FEB, 2008.

41 LUIZ, André (Espírito). *Nosso lar.* [Psicografado por] Francisco Cândido Xavier. 18. ed. Rio de Janeiro: FEB, 1991.

42 KARDEC, Allan. *O livro dos espíritos*: filosofia espiritualista. 93. ed. Brasília: FEB, 2013, pp. 24, 89.

mundos e o grau de depuração do Espírito. Nos mundos e nos Espíritos inferiores, ele é de natureza mais grosseira e se aproxima muito da matéria bruta.

10. Durante a encarnação, o Espírito conserva o seu perispírito, sendo-lhe o corpo apenas um segundo envoltório mais grosseiro, mais resistente, apropriado aos fenômenos a que tem de prestar-se e do qual o Espírito se despoja por ocasião da morte.

O perispírito serve de intermediário ao Espírito e ao corpo. É o órgão de transmissão de todas as sensações. Relativamente às que vêm do exterior, pode-se dizer que o corpo recebe a impressão; o perispírito a transmite e o Espírito, que é o ser sensível e inteligente, a recebe. Quando o ato é de iniciativa do Espírito, pode dizer-se que o Espírito quer, o perispírito transmite e o corpo executa.

O perispírito nos animais[43] (Excertos)
Cairbar Schutel

— Os animais são também dotados de perispírito?

— Sim. Não só o homem é dotado desse órgão, necessário às funções que exerce; todos os animais mantêm essa ideia diretriz, que é de indispensável utilidade fisiológica. O cão, o gato, o cavalo, o tigre, o leão, os pássaros, os peixes, os quadrúpedes de toda espécie, os répteis — todos são dotados desse organismo que existe neles ainda invisível para nós e que designa em cada parte, e a cada elemento, seu lugar, sua estrutura e suas propriedades.

— Os espíritos de animais permanecem longo tempo no mundo espiritual?

— Depende. Grande parte desses espíritos permanece pouco tempo no mundo espiritual, sendo, pouco depois de desencarnados, dirigidos por espíritos superiores para tomarem novas encarnações. Contudo, os animais mais evoluídos podem permanecer por mais tempo na outra vida, até ulterior deliberação dos espíritos dirigentes, ocasião em que tomam novos corpos, de acordo, sempre, com o seu grau de adiantamento, passando, então, o perispírito de cada um por transformações adequadas à espécie em que vem viver.

— Os casos de aparições de cães, cavalos, gatos, bois etc. são bem numerosos, e vêm provar a sobrevivência animal.

— Gabriel Delanne, no livro de sua autoria *Evolução Anímica*, relata um fato referente à existência do perispírito animal, constante da obra *L'Humanité posthume* (*A humanidade póstuma*), do Sr. Dassier (p. 83 e seguintes), a saber:

Em fins de 1869, achando-me em Bordéus, encontrei, à

---

43 SCHUTEL, Cairbar. O perispírito nos seres inferiores. In: *A vida no outro mundo*. 8. ed. Matão: O Clarim, 2014, cap. X, p. 31. [versão digital].

noite, um amigo que se dirigia a uma sessão de magnetismo, e que me convidou a acompanhá-lo. Anuí, desejoso de ver de perto o magnetismo, que até então só conhecia de nome. A sessão nada apresentou de notável: era a repetição do que ocorre comumente nas reuniões desse gênero. Uma jovem criatura, parecendo muito lúcida, oficiava de sonâmbula e respondia às perguntas que lhe dirigiam. Um fato inesperado surpreendeu-me, contudo. Ia a meio a sessão, quando um assistente, percebendo uma aranha no assoalho, esmagou-a com o pé. "Alto lá!" — gritou logo a sonâmbula — "Estou vendo evolar-se o Espírito da aranha!" Sabemos que, na linguagem dos médiuns, o vocábulo espírito corresponde ao que eu chamaria fantasma póstumo. — Qual a forma desse Espírito? – perguntou o magnetizador. — A mesma da aranha — respondeu a sonâmbula.

— Esses seres, como dissemos, manifestam-se com o seu corpo psíquico — ou perispírito. A imortalidade é a prerrogativa dos seres, desde a mais ínfima à mais elevada na escala da criação, e esses espíritos, quanto mais evoluídos forem, mais tempo permanecerão no mundo invisível para prová-lo. Daí vem a afirmação dos espíritos reveladores: "O nosso mundo é povoado de entes humanos e animais; mas os nossos animais são muito mais belos e inteligentes do que os vossos".

Os animais evoluem? Visão espírita
(Excertos)

1. Sob a visão espírita, quem são os animais?

Segundo a resposta do Espírito Verdade a Allan Kardec:

> Nesses seres, cuja totalidade estais longe de conhecer, é que o princípio inteligente se elabora, se individualiza pouco a pouco e se ensaia para a vida, conforme acabamos de dizer. É, de certo modo, um trabalho preparatório, como o da germinação, por efeito do qual o princípio inteligente sofre uma transformação e se torna Espírito. Entra então no período da humanização, começando a ter consciência do seu futuro, capacidade de distinguir o bem do mal e a responsabilidade dos seus atos. Assim, dos três reinos à fase da infância se segue a da adolescência, vindo depois a da juventude e da madureza.[44]

Segundo Emmanuel,

> Os animais são os irmãos inferiores do gênero humano. Eles também, como nós, estão vindo de longe, através de lutas incessantes e redentoras e são, como nós outros, seres humanos, candidatos a uma posição brilhante na espiritualidade. Não é em vão que sofrem nas fainas benditas da dedicação e da renúncia, em favor do progresso do homem na Terra.[45]

Segundo Francisco de Assis, espírito consagrado pela cristandade mundial por sua imensa bondade, os animais "são nossos irmãos menores".

---

44 KARDEC, Allan. *O livro dos espíritos*: filosofia espiritualista. 93. ed. Brasília: FEB, 2013, pp. 288-9.
45 EMMANUEL (Espírito). *O consolador*. [Psicografado por] Francisco Cândido Xavier. 29. ed. São Paulo: FEB, 2017.

2. Os animais são espíritos?

Segundo Kardec,

> Pois que os animais possuem uma inteligência que lhes faculta certa liberdade de ação, haverá neles algum princípio independente da matéria? "Há e que sobrevive ao corpo."[46]
>
> A verdadeira vida, tanto do animal como do homem, não está no invólucro corporal, do mesmo que não está no vestuário. Está no princípio inteligente que preexiste e sobrevive ao corpo.[47]

3. Por que os animais existem?

Para cumprir etapas evolutivas e, pouco a pouco, entrar no período de humanidade ("hominal").

Segundo Emmanuel, "o animal caminha para a condição do homem, tanto quanto o homem evolui no encalço do anjo"[48].

Segundo Kardec, "acreditar que Deus haja feito, seja o que for, sem um fim, e criado seres inteligentes sem futuro, fora blasfemar da sua bondade, que se estende por sobre todas as suas criaturas"[49].

4. Os animais existem para servir ao homem?

Segundo Kardec,

> O orgulho levou o homem a dizer que todos os animais foram criados por sua causa e para satisfação de suas necessidades. Mas, qual o número dos que lhe servem diretamente, dos que lhe foi possível submeter, comparado ao número incalculável daqueles com os quais nunca teve ele, nem nunca terá, quaisquer relações? Como se pode sustentar semelhante tese, em face das inumeráveis espécies que exclusivamente povoaram a Terra por milhares e milhares de séculos, antes que ele aí surgisse, e que afinal desapareceram? Poder-se-á afirmar que elas foram criadas em seu proveito? Entretanto, tinham, todas, a sua razão de ser, a sua utilidade.[50]

---

46 KARDEC, op. cit., p. 285.
47 KARDEC, Allan. *A gênese*: os milagres e as predições segundo o espiritismo. 36. ed. Rio de Janeiro: FEB, 1995, p. 73.
48 EMMANUEL (Espírito). *Alvorada do reino*. [Psicografado por] Francisco Cândido Xavier. São Paulo: IDEAL, 1988, p. 10.
49 KARDEC, Allan. *O livro dos espíritos*: filosofia espiritualista. 93. ed. Brasília: FEB, 2013, p. 289.
50 KARDEC, Allan. *A gênese*: os milagres e as predições segundo o espiritismo.

Segundo Emmanuel, "os animais têm a sua linguagem, os seus afetos, a sua inteligência rudimentar, com atributos inumeráveis. São eles os irmãos mais próximos do homem, merecendo, por isso, a sua proteção e amparo"[51].

Camille Flammarion afirma que:

> A Natureza inteira é construída sobre o mesmo plano e manifesta a expressão permanente da mesma ideia. A grande lei de unidade e de continuidade se revela não só na forma plástica dos seres, mas ainda na força que os anima, desde o humilde vegetal até o homem mais eminente. [...] À medida que se eleva na escala da vida, o espírito afirma pouco a pouco uma personalidade mais bem determinada; atinge seu mais elevado desenvolvimento no homem, último elo da imensa corrente sobre a Terra.[52]

5. Diferença entre inteligência x superioridade x racionalidade

Inteligência = faculdade de entender, de compreender, de conhecer (isso implica superioridade sobre o animal).

Superioridade = Resposta à questão 606-a:

> Então, emanam de um único princípio a inteligência do homem e a dos animais?
>
> "Sem dúvida alguma, porém, no homem, passou por uma elaboração que a coloca acima da que existe no animal."[53]

Racionalidade = faculdade de agir, de refletir, de alcançar conclusões ajuizadas. Tais atributos o animal só vem a adquirir quando adentra o reino "hominal".

6. Os animais são inteligentes ou agem apenas por instinto?

Segundo Emmanuel:

> [...] Têm inteligência rudimentar em ações relacionadas à sua sobrevivência e conservação. Neles ainda preponderam os instintos. No reino animal, a consciên-

---

36. ed. Rio de Janeiro: FEB, 1995, p. 138.

51 EMMANUEL (Espírito). Sobre os animais. In: *Emmanuel*. [Psicografado por] Francisco Cândido Xavier. 28. ed. São Paulo: FEB, 2014.

52 FLAMMARION, Camille. Inteligência dos animais. In: *Revista Espírita*, p. 529, dez. 1869.

53 KARDEC, Allan. *O livro dos espíritos*: filosofia espiritualista. 93. ed. Brasília: FEB, 2013, p. 288.

cia, à feição de crisálida, movimenta-se em todos os tons do instinto, no rumo da inteligência, objetivando a conquista da razão sublimada pelo discernimento.[54]

7. Os animais evoluem apenas pela dor?

Sofrem porque evoluem e porque toda evolução, consciente ou inconsciente, é sempre acompanhada das dores do parto que anunciam as transições evolutivas para planos superiores.

[...] Dessa maneira a dor se apresenta, fora dos limites estreitos da concepção antropomórfica, como uma decorrência natural dos processos evolutivos em todo o Cosmos. É uma consequência dos esforços despendidos pelas coisas e os seres, em luta com os obstáculos internos e externos com que todos nós e todas as coisas e seres se deparam nos caminhos da evolução universal. [...] Sofre a pedra, sofre o vegetal, sofre o animal e sofre o homem em cada curva implacável do desenvolvimento de suas potencialidades.[55]

8. O espírito humano passou pelo reino animal (não humano)?

À maneira de crianças tenras, internadas em jardim de infância para aprendizados rudimentares, animais nobres desencarnados, a se destacarem dos núcleos de evolução fisiopsíquica em que se agrupam por simbiose, acolhem a intervenção de instrutores celestes, em regiões especiais, exercitando os centros nervosos. Nomearemos o cão e o macaco, o gato e o elefante, o muar e o cavalo, como elementos de vossa experiência usual, mais amplamente dotados de riqueza mental, como introdução ao pensamento contínuo.[56][57]

Que o corpo evolui, se transforma e progride, e bem assim a alma, é fato conhecido. Nas diversas condições

---

54 EMMANUEL (Espírito). *Alvorada do reino*. [Psicografado por] Francisco Cândido Xavier. São Paulo: IDEAL, 1988.
55 PIRES, José Herculano. *O mistério do ser ante a dor e a morte*. São Paulo: Paideia, 1981, p. 19, 25.
56 LUIZ, André (Espírito). *Evolução em dois mundos*. [Psicografado por] Francisco Cândido Xavier e Waldo Vieira. Rio de Janeiro: FEB, 2008.
57 O médium, escritor e orador espírita Eurípedes Kühl vislumbra, nesses dizeres, uma pista para entendimento do chamado "elo perdido" dos biólogos e naturalistas: ele não se processa na Terra, e sim no mundo espiritual, por geneticistas celestes. [Nota da organizadora]

O Animal na Casa Espírita

dos três reinos, e, enfim, na humanidade, a alma se desenvolve e progride; o perispírito, seu inseparável companheiro, adapta-se às diversas condições, conservando fielmente, em si, até às mais finas nuanças, a marca de todas as transformações sofridas.

Na composição química do perispírito são encontradas todas as substâncias, o reflexo de todos os instintos, qualidades e pendores do ser durante as inúmeras existências e transformações através do mineral, do vegetal, do animal e, por fim, do homem. [...].

Essa longa viagem através dos três reinos da Natureza deixa marcas profundas nos gostos, necessidades e instintos do homem, ser imperfeito e ainda bem próximo do animal que ele despreza a ponto de negar-lhe uma alma, uma inteligência, o direito à sua proteção.

É que o orgulho de possuir enfim uma vontade menos restrita, um horizonte maior, mais espaço para seus vícios, sobe à cabeça do homem e o faz esquecer que ele escalou apenas um degrau na escala da criação, que já foi o que são ainda seus irmãos inferiores. E que, na embriaguez e na euforia de seu avanço, o homem, tão orgulhoso de seu livre-arbítrio e do dom da palavra, cai muitas vezes, pelos sentimentos e abusos, mais baixo que o animal que despreza. Sim, esquecendo todas as semelhanças estruturais, de necessidades e emoções que ainda o ligam estreitamente ao animal, o homem se considera senhor absoluto e, frequentemente, feroz, dessa população muda e indefesa entregue à sua mercê. O homem abusa cruelmente de seus direitos imaginários sobre esse irmão menor, porque a inteligência deste é mais limitada e seus instintos mais refreados pelas leis da Natureza. [...] Sem dúvida, o que venho de dizer se aplica à turba que, cega de orgulho, imagina ser o centro e a coroa da Criação, e não às almas mais evoluídas, que reconhecem na animalidade uma fase de seu próprio passado e condenam severamente qualquer crueldade desnecessária.[58]

9. Qual o papel do homem em relação aos animais?

[...]. Se é impossível o regresso da alma humana ao círculo da irracionalidade, recebei como obrigação sagra-

---

58 ROCHESTER, J.W.; KRYZHANOVISKAIA, Vera. *Hatasu, a rainha do Egito*. Limeira: Conhecimento, 2009.

da o dever de amparar os animais na escala progressiva de suas posições variadas no planeta.[59]

---

59 EMMANUEL (Espírito). *Emmanuel*. [Psicografado por] Francisco Cândido Xavier. 28. ed. São Paulo: FEB, 2014.

Evolução do princípio espiritual dos animais[60]
Astolfo O. de Oliveira Filho

Um leitor nos pergunta se os animais também experimentam a evolução de seu princípio espiritual e se podem, em determinado momento, transformarem-se em seres humanos.

Todo ser vivo, de qualquer reino da natureza, é dotado de um princípio espiritual.

Nos animais vertebrados, ou seja, providos de espinha dorsal ou coluna vertebral, esse princípio espiritual é individualizado e podemos chamá-lo de "alma". Assim, o chimpanzé é dotado de "alma" — claro que é alma de animal, diferente da alma humana. Segundo os estudiosos do espiritismo, a diferença está em que a alma dos animais não é capaz de gerar pensamento contínuo; a alma humana, sim, é capaz disso.

Em seu livro *Evolução em Dois Mundos*[61], André Luiz refere-se ao assunto e diz que o cão, o macaco, o gato, o elefante, o muar e o cavalo seriam os animais superiores mais amplamente dotados de riqueza mental, como introdução ao pensamento contínuo. Ele ressalva, porém, que existem ideias-fragmentos de determinado sentido mais avançadas em certos animais que em outros, o que torna difícil afirmar qual, dentre eles, é o detentor de mais dilatadas ideias-fragmentos.

As almas dos animais evoluem por meio de encarnações inúmeras e experiências múltiplas e vão sendo utilizadas, gradativamente, nas espécies animais mais evoluídas. Quando chega o momento em que essa alma atingiu o ápice possível no reino animal, ela estará pronta para seu ingresso no cha-

60 OLIVEIRA FILHO, Astolfo O. O espiritismo responde. *O Consolador*, ano 4, n. 172, 22 ago. 2010.
61 LUIZ, André (Espírito). *Evolução em dois mundos*. [Psicografado por] Francisco Cândido Xavier e Waldo Vieira. Rio de Janeiro: FEB, 2008, cap. XVIII, pp. 211-2.

mado reino hominal, cuja característica, além da possibilidade de gerar pensamento contínuo, é ser dotada de livre-arbítrio, um atributo exclusivo do espírito humano.

Podemos apresentar um exemplo bem singelo disso: o joão-de-barro constrói sua casinha da mesma forma que o fazia oitenta anos atrás e tudo indica que continuará a fazê-la assim. A alma que anima determinado joão-de-barro poderá, contudo, no decurso desse tempo, passar a animar outras espécies mais evoluídas do reino animal e, assim, sucessivamente, até atingir um dia — milhões ou bilhões de anos depois — a condição de alma humana, fato que não se dá em planetas como o nosso, mas, sim, nos chamados mundos primitivos. A escala dos mundos é tratada por Kardec no capítulo III do livro *O Evangelho Segundo o Espiritismo*[62].

Referimo-nos aqui à evolução do princípio espiritual, que, não sendo diferenciado no início, torna-se individualizado nos animais vertebrados e, em determinado momento, chegará à condição de alma ou espírito humano.

No tocante à forma material, Darwin mostrou que existe igualmente uma evolução. Espécies extintas deram lugar a outras espécies, como vemos demonstrado nas obras científicas, em decorrência de um processo evolutivo muito lento que corre paralelamente à evolução do princípio espiritual. É por isso que se diz — embora Darwin jamais o tenha dito — que o homem descende do macaco.

---

62 KARDEC, Allan. *O evangelho segundo o espiritismo*. 131. ed. Brasília: FEB, 2013.

Animais em sofrimento[63]
Emmanuel/Chico Xavier

Se os animais estão isentos da lei de causa e efeito, em suas motivações profundas, já que não têm culpas a expiar, de que maneira se lhes justificar os sacrifícios e aflições?

Assunto aparentemente relacionado com injustiça, mas a lógica nos deve orientar os passos na solução do problema.

Imperioso interpretar a dor por mais altos padrões de entendimento.

Ninguém sofre, de um modo ou de outro, tão somente para resgatar o preço de alguma coisa. Sofre-se também angariando os recursos precisos para obtê-la.

Assim é que o animal atravessa longas eras de prova, a fim de domesticar-se, tanto quanto o homem atravessa outras tantas longas eras para instruir-se.

Que mal terá praticado o aprendiz, a fim de submeter-se aos constrangimentos da escola?

E acaso conseguirá ele diplomar-se em conhecimento superior se foge às penas edificantes da disciplina?

Espírito algum obtém elevação ou cultura por osmose, mas sim através de trabalho paciente e intransferível.

O animal, igualmente, para atingir a auréola da razão, deve conhecer a benemérita e comprida fieira de experiências que terminarão por integrá-lo na posse definitiva do raciocínio.[64]

---

63 EMMANUEL (Espírito). Animais em sofrimento. In: DIVERSOS Espíritos. *Aulas da vida*. [Psicografado por] Francisco Cândido Xavier. São Paulo: IDEAL, 1981, p. 6.

64 A esse respeito, reportemo-nos a este esclarecimento constante da *Revista Espírita* de maio de 1865, editada por Allan Kardec: "Mas não basta apenas crer no progresso incessante do Espírito, embrião na matéria, desenvolvendo-se ao passar pela peneira do mineral, do vegetal e do animal, para chegar à *humanimalidade*, onde começa a ensaiar-se apenas a alma que se encarnará, orgulhosa de sua tarefa, na *Humanidade*. Entre essas diferentes fases existem laços importantes, que é necessário conhecer, e que chamarei *períodos intermediários* ou *laten-*

Compreendamos, desse modo, que o sofrimento é ingrediente inalienável no prato do progresso.

Todo ser criado simples e ignorante é compelido a lutar pela conquista da razão, e, atingindo a razão, entre os homens, é compelido igualmente a lutar, a fim de burilar-se devidamente.

O animal se esforça para obter as próprias percepções e estabelecê-las.

O homem se esforça avançando da inteligência para a sublimação.

[...]

Certifiquemo-nos, porém, de que toda criatura caminha para o reino da angelitude, e que, investindo-se na posição de espírito sublime, não mais conhece a dor, porquanto o amor ser-lhe-á sol no coração dissipando todas as sombras da vida ao toque de sua própria luz.[65][66]

---

tes; porque é aí que se operam as transformações sucessivas" (grifos do autor).

65 O sofrimento, nos animais, é um trabalho de evolução para o princípio de vida que existe neles; adquirem por este modo os primeiros rudimentos de consciência. DENIS, Léon. *O problema do ser, do destino e da dor*. Rio de Janeiro: FEB, 2014.

66 Referindo-se diretamente ao caso dos animais, Druso afirma: A dor é ingrediente dos mais importantes na economia da vida em expansão. O ferro sob o malho, a semente na cova, o animal em sacrifício, tanto quanto a criança chorando, irresponsável ou semiconsciente para desenvolver os próprios órgãos, sofrem a dor-evolução, que atua de fora para dentro, aprimorando o ser, sem a qual não existiria progresso.

A dor nas plantas e nos animais
Eurípedes Kühl

Com base em notas do capítulo 12 de meu livro *Animais, Amor e Respeito*[67], destaco as seguintes considerações sobre esse tema, em forma de ponto e contraponto.

Em *A Gênese*[68], de Allan Kardec, encontramos que plantas e animais são atingidos por enfermidades.

Considerando que as plantas têm sensibilidade, podemos inferir que tais enfermidades lhes causam sofrimento. Não temos condições de afirmar que sentem dor, apenas podemos constatar que:

— uma árvore cortada perde seiva e morre;

— galhos queimados definham rapidamente; antes, à simples aproximação do fogo, retraem-se;

— muitas são as pragas que atacam culturas, além de parasitas que lhes causam danos.

No caso dos animais, não há a menor dúvida de que sofrem dor tanto quanto nós. Mas, aí, não poucas pessoas ponderam:

— Se o homem resgata débitos contraídos por ações equivocadas, afastadas das leis morais, como justificar que animais e plantas também sofram? Que culpa lhes pode ser atribuída, se não têm, como nós, inteligência, livre-arbítrio e consciência?

Realmente, eis aqui um aparente contrassenso da natureza. Mas, em verdade, nada há de errado nisso.

Quanto aos homens, não padece dúvida de que a Justiça Divina, para que cada ser galgue os degraus do progresso por

---

67 KÜHL, Eurípedes. *Animais, amor e respeito*. São Paulo: LEB, 2001.
68 KARDEC, Allan. *A gênese*: os milagres e as predições segundo o espiritismo. 36. ed. Rio de Janeiro: FEB, 1995, cap. XVIII, n. 8.

meio de responsabilidade e esforço próprios, proporciona-lhes o mecanismo das reencarnações e engendrou o corpo físico suscetível a doenças e dor. Posicionou-os inicialmente em mundos primitivos e dali transfere-os para mundos consentâneos com o progresso individual de cada um.

Doenças são próprias do patamar evolutivo dos planetas atrasados, como a Terra. Ajudam o homem a desenvolver a inteligência, para debelá-las. A dor funciona como poderoso alerta de que algo não vai bem, espiritual ou fisicamente se falando.

Além do mais, a lei de causa e efeito baliza o equilíbrio da justiça, fazendo retornar à origem o bem ou o mal. No caso do mal, ainda pela bondade suprema de Deus, o devedor pode ressarcir seu débito por meio de ações de auxílio ao próximo. Nesse caso, mesmo visitado por sofrimentos, estes já não lhe pesam tanto, eis que a esperança e a fé na justiça do Pai são poderosos anestésicos, além de potentes energéticos para suplantar dificuldades.

Muito bem.

E a dor nos animais? Não tendo inteligência, livre-arbítrio ou consciência, suas ações, necessariamente instintivas, apenas visam à sobrevivência. E, em assim sendo, como lhes imputar culpa e o respectivo resgate?

Partindo da premissa de que Deus é a perfeição suprema e o amor absoluto, em nenhuma tese-hipótese poderíamos aventar a menor possibilidade de que isso consista em injustiça ou equívoco da natureza.

Outro tem de ser o enfoque.

Aqui, entra em cena a condição esclarecedora do espiritismo.

Vamos nos demorar mais um pouco nas reflexões sobre a dor de modo geral.

a. Em *A Gênese* (cap. III), Allan Kardec filosofa com grande profundidade sobre o bem e o mal, analisando detalhadamente sobre instinto e inteligência e, particularmente, sobre a "destruição dos seres vivos uns pelos outros". No item 21, esclarece que "a verdadeira vida, tanto do animal como do homem, não está no invólucro corporal, do mesmo modo que não está no vestuário. Está no princípio inteligente que preexiste e sobrevive ao corpo". Aqui, já temos conteúdo suficiente para refletir que danos físicos que destruam a matéria, isto é, dos quais resulte a morte, não destroem o espírito (naturalmente, revestido do perispírito, que os animais também o têm, embora de matéria mais rudimentar que a humana).

Prossegue Kardec, agora no item 24:

> Nos seres inferiores da criação, naqueles a quem ainda falta o senso moral, nos quais a inteligência ainda não substituiu o instinto, a luta é pela satisfação da imperiosa necessidade – a alimentação; lutam unicamente para viver; é nesse primeiro período que a alma se elabora e ensaia para a vida.

b. O espírito Emmanuel nos esclarece, de forma a não deixar quaisquer dúvidas, que a dor representa aprendizado constante da trilha evolutiva de cada ser vivo, rumo à evolução; essa informação é textual, cristalina e não deixa margem a derivações filosóficas. Ei-la:

> Ninguém sofre, de um modo ou de outro, tão-somente para resgatar o preço de alguma coisa. Sofre-se também angariando os recursos precisos para obtê-la.
>
> Assim é que o animal atravessa longas eras de prova a fim de domesticar-se, tanto quanto o homem atravessa outras tantas longas eras para instruir-se.
>
> Que mal terá praticado o aprendiz a fim de submeter-se aos constrangimentos da escola?
>
> E acaso conseguirá ele diplomar-se em conhecimento superior se foge às penas edificantes da disciplina?
>
> Espírito algum obtém elevação ou cultura por osmose, mas sim através de trabalho paciente e intransferível.
>
> O animal igualmente para atingir a auréola da razão deve conhecer benemérita e comprida fieira de experiências que terminarão por integrá-la na posse definitiva do raciocínio.[69]

Assim, mesmo que para muitos de nós seja penoso aceitar, prudente será refletir muito sobre o tema e sobre o quanto ainda ignoramos das coisas de Deus; alenta-nos considerar,

---

69 EMMANUEL (Espírito). Animais em sofrimento. In: DIVERSOS Espíritos. *Aulas da vida*. [Psicografado por] Francisco Cândido Xavier. São Paulo: IDEAL, 1981, p. 6.

com veemência, que o Pai jamais abandona qualquer de Seus filhos. Com essa certeza, fica afastada, *ab initio*, que a crueldade que vitima animais seja indiferente à vida e ao amor de Deus, presente no infinitamente perfeito Plano da Criação.[70]

Juvanir Borges de Souza, em sua obra, arremata:

> Para bem compreendermos o papel da dor será necessário situá-la como a grande educadora dos seres vivos, com funções diferentes no vegetal, no animal e no homem, mas sempre como impulsionadora do processo evolutivo, uma das alavancas do progresso do princípio espiritual.[71]

Diante das assertivas apresentadas, reflitamos:

— Animais sofrem para que registrem em sua memória espiritual, eterna, que a dor dói, é ruim; assim, ao evoluírem, alcançando a inteligência, já trarão na bagagem cognitiva que a dor deve ser evitada — a própria, por autopreservação, e a do próximo, por ser esse um dos conselhos de Jesus para a evolução espiritual.

— Nada nos impede de considerar que a dor, nos animais, completado o aprendizado, não mais se repetirá, sendo muito provável que, ao desencarnarem, não importam as condições, o sofrimento é interrompido no ato da desencarnação e sob patrocínio caridoso dos missionários do amor eterno.

— Aliás, não cremos que seja necessária mais de uma experiência dolorosa para fixação do aprendizado; como existem milhares de espécies e milhões de moradas no Universo, há grande probabilidade de que os animais percorram muitos desses mundos, em corpos adequados, acumulando experiências.

— Como a restauração perispirítica é uma realidade do

---

70 Vale aqui um registro particular em homenagem ao grande abolicionista, escritor e tribuno brasileiro José do Patrocínio. Seu grande amor aos animais ficou evidenciado nas palavras de seu último artigo, escrito para o jornal *A Notícia*. O trecho inicial dizia: "Fala-se na organização definitiva de uma Sociedade Protetora dos Animais. Eu tenho pelos animais um respeito egípcio. Penso que eles têm alma, ainda que rudimentar, e que eles sentem conscientemente revoltas contra a injustiça humana. Já vi um burro suspirar como um justo, depois de brutalmente atacado por um carroceiro que atestara a carroça com uma carga para uma quadriga e queria que o mísero animal a arrancasse de um atoleiro". Nesse ponto, consta que Patrocínio teve uma hemoptise e desencarnou. Fonte: <https://books.google.com.br/>.

71 SOUZA, Juvanir Borges de. *Tempo de renovação*. Rio de Janeiro: FEB, 1989, cap. 20, p. 164.

Plano Maior, nada nos impede também de imaginar que os perispíritos dos animais, se danificados, ali serão recompostos por geneticistas siderais, os mesmos que promovem as modificações tendentes à escala evolutiva da espécie.[72]

— Se os animais fossem "anestesiados" por espíritos protetores na hora do abate, para evitar a dor, ali não ocorreria fixação do aprendizado evolutivo; contudo, nada nos objeta raciocinar que em muitos, muitos casos mesmo, isso ocorra, porém em outras circunstâncias; por exemplo: quando a crueldade humana esteja presente, infligindo sofrimento a animais cujo programa reencarnatório não o previa.

— Aos espíritos que amam os animais, a eles provavelmente é delegada a função de orientar as espécies animais quando no plano espiritual e de os proteger, quando no material; neste, fazem-no com abnegação e amor, criando 'habitats' e mantendo os ecossistemas; assistindo-os nos momentos difíceis pelos quais passam; consideremos, por exemplo, que quando um predador de grande potencial ofensivo (nunca esquecer que foram os promotores da vida que disso o equipararam...) ataca uma indefesa presa (também de organismo engendrado pelos guardiões da vida eterna), Deus está presente num e noutro animal; pela Lei do Progresso, certamente, no avançar do tempo, os papéis talvez sejam invertidos, após o que, ambos já terão em sua memória espiritual tal lembrança (automatismo biológico-espiritual); atingindo a razão/ inteligência, só cometerão violência por autodecisão, a bordo do livre-arbítrio; e, a partir do livre-arbítrio, a evolução passa a ser balizada pela Lei de Causa e Efeito — Ação e Reação.

Por oportuno, vejamos alguns trechos das sempre elucidativas instruções de Allan Kardec, espírito, clareando o assunto, através de mensagem contida em *O Diário dos Invisíveis*[73], psicografada por Zilda Gama:

---

72 Vide: EMMANUEL (Espírito). *A caminho da luz:* história da civilização à luz do espiritismo. [Psicografado por] Francisco Cândido Xavier. Rio de Janeiro: FEB, 2008, capítulo "A grande transição".
73 DIVERSOS Espíritos. *O diário dos invisíveis.* [Psicografado por] Zilda Gama. São Paulo: O Pensamento, 1927, pp. 73-5.

[...]

Bem sabeis que a dor, física e moral, é a lixívia que alveja a alma enodoada do ser consciente e responsável por seus atos; é a lâmpada que a inunda de luz, tornando-a eternamente radiosa.

[...]

Se só o homem fosse suscetível à dor e às enfermidades e os irracionais tivessem os organismos imunes ao sofrimento, insensíveis como o aço, romper-se-ia o elo que os vincula pela matéria, que é semelhante em todos os animais.

[...]

Os animais, quer os de constituição semelhante à do homem, quer os de organismos imperfeitos, não padecem, como os racionais, unicamente para progredir espiritualmente, pois são inconscientes e irresponsáveis, mas Deus, que tudo prevê, não os fez insensíveis à própria defesa e conservação, como meio de serem domesticados, tornando-os úteis às coletividades.

Um cavalo que fosse indiferente à dor seria capaz de precipitar-se, com o cavaleiro, ao primeiro abismo que se lhe deparasse, tentando livrar-se da sela e da carga importuna que lhe tolhem os movimentos, privando-o de viver às soltas pela vastidão dos prados ou à sombra das florestas. Por que recuam, temerosos, ante a ameaça de um calhau ou de uma farpa, um cão ou um touro enfurecido? Com receio do sofrimento que teriam se fossem por eles atingidos.

[...]

Os irracionais necessitam da dor, para que possam, em estado de liberdade, defender a própria vida, temer as sevícias, sofrear os impulsos ferozes, procurar repouso e alimento, tornar-se menos perigosos ao homem, manter o instinto de conservação, que não teriam, se os seus corpos fossem desprovidos de sensibilidade. O homem progride mais pelos padecimentos morais que pelos físicos; nos irracionais, predominam estes sobre aqueles.

[...]

A dor é útil aos animais para que os fracos e pequenos se defendam dos fortes e cruéis, procurando esconderijos inacessíveis a seus adversários nas furnas ou nas mais altas frondes.

Mensagem aos animais, de alma e coração[74]
Ricardo Luiz Capuano

Os inflexíveis adeptos de nossa amada Doutrina Espírita, que não admitem a mudança de uma só vírgula em seus postulados, que me perdoem, mas...

Não me convém essa discussão secular e improfícua sobre a existência ou não de uma alma nos animais; se dispõem de um princípio inteligente, fluido vital, percepções ou instinto; se deliberam, arbitram ou não; se permanecem na erraticidade após a "morte" ou são encaminhados a nova existência quase imediatamente; se aparições de animais são verdadeiras ou formas-pensamento, projeções mentais ou ainda alucinações de mentes humanas desequilibradas.

Não valorizo o tempo despendido em elucubrações filosóficas, científicas e/ou religiosas com o respaldo où não de professores no assunto *interação animal, mais ou menos significativa com a espécie humana.*

Priorizo, porque comprovo que ELES SOFREM!

SOFREM (e, muito!) quando o racional superior os manipula nas dolorosas experimentações dos laboratórios, sob o pretexto de estarem "contribuindo" (ainda que à revelia) para o progresso humano.

SOFREM, submetidos a prolongadas e ininterruptas torturas, a fim de que o produto X ou Y, em futuro próximo, ocupe as prateleiras da vaidade humana livre de reações adversas, comprometedoras da saúde de sua derme.

SOFREM sem culpa, no estreito corredor da morte, sentenciados por algozes cruéis a se transformar em comida, carimbada de "saudável" pela fiscalização, embora fluidos

---

74 https://irmaosanimais-conscienciahumana.blogspot.com/2014/04/aos-animais-de-alma-e-coracao.html

deletérios de horror e desespero nela estejam entranhados, camuflados por temperos mil, quando chegam, fumegantes, à mesa das majestades humanas.

SOFREM, envelhecendo nas jaulas de modernos Zoos, porque foram arrancados, violentamente, um dia, do chão verde e do céu azul e trancafiados entre paredes cimentadas para que humanos possam curtir sua folga dos domingos, na convivência de seus filhos queridos, entre beijos, abraços, pipocas e picolés, indiferentes à imensa tristeza de seus grandes olhos, logo ali à frente! Animais que testemunharam a fragilidade de suas crias e ainda se recordam de suas súplicas, na dolorosa separação, não conseguem entender direito o riso daquelas crianças humanas, já que seus filhos choravam...

ELES SOFREM (e muito), enquanto autores famosos autografam obras de relevância espiritual, entre efusivos abraços e saudações cordiais, cujo contexto especula *as emoções mais sagradas do Reino Animal,* denominando-as INSTINTO, apenas.

Enquanto *arautos da Nova Era* polemizam nas tribunas importantes, os pequeninos anônimos estão a gritar sem voz todas estas faculdades inerentes a uma Alma: tristeza, saudade, decepção, inconformismo, desespero, amor e medo, manifestações invisíveis, mas presentes em todos nós, inclusive nos humanos, com o nome de princípio inteligente ou outro nome que seja inventado, já que admitir uma alma nos animais parece mais desprezível do que aceitar que ela exista em humanos sem alma.

Essas vozes pequeninas clamam, para os que não têm ouvidos de ouvir, pelo socorro e pela chance de viver em paz; mas racionais, sem olhos para ver, estão ausentes, indiferentes aos clamores de proteção e ajuda, porque já deveriam, mas não aprenderam o nobre sentimento da compaixão.

Em nome de *não sei qual deus,* viramos as costas para seres criados por uma Divindade do Bem, enquanto rogamos bênçãos nos templos de pedra, sem nada para oferecer-Lhe em nossas mãos vazias, a não ser o sangue dos inocentes.

Pudéssemos ouvi-los e vê-los, porque "lá" estão eles, os pobrezinhos e injustiçados de Assis, arrastados à força de seus lares na floresta, por mãos humanas, mais selvagens do

O Animal na Casa Espírita

que suas patas, plumagem ou penas. Que pena...

Arapucas, alçapões e armadilhas são provas inequívocas do mal que ainda não foi extinto no ser humano, a despeito de seu grau superior hierárquico admitir o contrário.

Furtamos das aves tudo o que era a sua felicidade porque, imersos em sombras, julgamos *pouco* o tesouro de ter um ninho chamado lar e nada, nada além de todo o céu da floresta para vivenciar nas horas de claridade.

Não fôssemos tão inteligentes, audazes, espertos e sábios, quem sabe, poderíamos amar como "eles" amam, sem astúcia ou falsidade.

Não fôssemos tão "criativos", concebendo quitutes "mirabolantes", extravagantes e caros à custa dos animais, e a fome saciada no mundo haveria de saciar também a nossa própria fome de justiça e de paz.

Fôssemos menos e seríamos MAIS!

O que eu sei é que as baleias SOFREM no mar de sangue em que se agitam, atingidas mortalmente por engenhocas humanas que as foram caçar em seu habitat... *em nome de qual deus?!?*

Não houvéssemos inventado instrumentos torturadores de seres indefesos e teríamos, talvez, uma alma capaz de, à semelhança do Criador, conduzir-lhes os passos errantes e perdoar-lhes os tombos, assim como Ele costuma fazer conosco quando caímos.

Não me cabe comprovar se os animais têm uma alma, mas me pergunto se ainda resta no ser humano algum *princípio inteligente* capaz de capacitá-lo a sentir e a amar com a mesma pureza dos animais.

Pergunto-me se ainda existe um ponto de contato ínfimo com a compaixão, que o motive a proteger a Natureza, como os animais a respeitam, dela extraindo o necessário para a vida, sem destruí-la.

Não sei se um dia atingiremos esse patamar ideal em que estagiam alguns animais, protegendo o mais novo e o mais velho, o mais triste e o mais doente, doando-lhes, bondosos, o melhor naco do alimento, em abnegável RENÚNCIA!

Pergunto-me se esse princípio inteligente ainda vibra em

nós, mesmo que abafado pelo fragor de batalhas inúteis.

Se ainda há tempo de entender de que maneira os animais descobriram os caminhos de DEUS, *sem nunca terem ouvido falar DELE.*

Diante dos estragos que já deixamos após nossa passagem pela Terra, me pergunto se já não é muito tarde para voltar e curar todas as patas quebradas, juntar os ossos desconfigurados, as asas dilaceradas, os corpos mutilados, refazendo-lhes a integridade como num filme ao contrário, limpando o sangue e lavando as ulcerações, a fim de caminharmos juntos, sem ameaça ou medo, para o tão sonhado Mundo de Regeneração!

Absolvidos e perdoados, enfim, devolvendo ao CRIADOR as vidas sagradas confiadas às nossas mãos, agora limpas, conscientes do dever cumprido, de SALVÁ-LAS!

Então, todos os animais compreenderão, sem palavras, que humanos têm, sim, sem sombra de dúvidas – um CORAÇÃO, como eles também.

Não importa se queiram chamar de ALMA.

A eutanásia de animais sob a visão espírita[75]
Autores diversos (espíritos)

A palavra eutanásia deriva do grego, "eu" = bom e "thanatos" = morte, "boa morte". Porém, dentro da filosofia espírita, devemos compreender que nenhuma morte pode ser boa quando se trata de suicídio, ou de eutanásia, que nada mais significa, literalmente, que tirar a vida de outro.

A eutanásia é vista por muitos como uma prática de alívio à dor e ao sofrimento diante de uma doença incurável pela medicina humana. Segundo a História, a "euthanasia" seria utilizada há séculos e muitos eram os doentes que procuravam com seus médicos o elixir da morte por estarem cansados de viver. No entanto, a doutrina espírita nos esclarece que os seres vivos são constituídos de um corpo físico e de uma alma — espírito encarnado — e que a dor e o sofrimento são mecanismos de resgate necessários à evolução do espírito em seu caminho rumo à perfeição. Tais sofrimentos seriam a depuração energética de cada um, todos frutos do mau uso do livre-arbítrio, já que todos respondem dentro da Lei de Ação e Reação, ou seja, toda ação cometida corresponde a uma reação de igual intensidade e gravidade, só que agora na forma de doenças e sofrimentos, educando os espíritos no caminho do amor. Muitas doenças, portanto, têm sua origem nesse mecanismo de resgate, devido à enorme gama de energias que foram condensadas no perispírito e que agora afloram no corpo físico; esclarecendo melhor, pode-se concluir que todas as doenças têm origem no espírito.

Mas, e os animais? Eles não possuem resgates cármicos como os seres humanos e sua senciência prova que eles so-

---

75 Fonte: <https://espirito.org.br/artigos/eutanasia-nos-animais/> Acesso em: 6 abr. 2020.

frem tanto quanto os seres humanos. Seria lícito, então, proporcionar a esses irmãos a eutanásia, a fim de livrá-los do sofrimento?

Normalmente, para aceitar a eutanásia realizada em um animal em fase terminal, buscam-se os recursos da Lei de Ação e Reação, da Lei do Carma, porém, é preciso atentarmos para o fato de que o animal ao qual nos referimos não é apenas o animal que vemos na forma física, mas que há nele um princípio inteligente universal, uma alma que anima aquela matéria e que retornará ao plano espiritual em boa ou má condição, dependendo muito de como agirmos com ele enquanto encarnado. E como será o trabalho da espiritualidade se, com nossos recursos terrenos, levarmos para o plano espiritual um animal antes de seu momento derradeiro? Afinal, qual de nós sabe com exatidão o que acontecerá dali a um minuto?

Trazemos conosco essa imensa dificuldade de separação entre o que é material e o que é espiritual. Acreditarmos que o animal se encontra em sofrimento sem qualquer justificativa, já que aprendemos que não possui "karma" e crer apenas nisso seria também acreditar que Deus houvesse criado tal sofrimento por puro capricho, já que, como nos diz Emmanuel, os animais estão isentos da Lei de Ação e Reação por não terem culpa a expiar, o que não significa que o sofrimento pelo qual passam em determinado momento não esteja lhes trazendo a evolução espiritual.

André Luiz, em seu livro *Libertação*[76], afirma o seguinte: "O sofrimento é reparação ou ensino renovador" e Emmanuel, novamente, acrescenta o conceito de dor como aprendizado, ao dizer que:

> Ninguém sofre, de um modo ou de outro, tão-somente para resgatar o preço de alguma coisa. Sofre-se também angariando os recursos precisos para obtê-la.
> Assim é que o animal atravessa longas eras de prova a fim de domesticar-se, tanto quanto o homem atravessa outras tantas longas eras para instruir-se.
> [...]
> O animal igualmente para atingir a auréola da razão

---

76 LUIZ, André (Espírito). *Libertação*. [Psicografado por] Francisco Cândido Xavier. 33. ed. Rio de Janeiro: FEB, 2013.

deve conhecer benemérita e comprida fieira de experiências que terminarão por integrá-la na posse definitiva do raciocínio.[77]

Portanto, se os animais se encontram isentos da Lei de Ação e Reação, só nos resta crer que para eles tal sofrimento surge como grande aprendizado evolutivo, levando-nos à conclusão de que para eles o sofrimento não teria a finalidade de punir ou resgatar, mas, sim, de educar para suas futuras reencarnações. Há, porém, outro fato que não pode ser deixado de lado: e se a prova for para os tutores e não apenas um aprendizado para o animal?

O que geralmente acaba ocorrendo, nesses casos, é que logo no momento em que mais precisam provar que amam esses pequenos irmãos, os tutores desistem, na maioria das vezes, não por verem o sofrimento do animal, mas por sua própria dor e fraqueza, e entregam-no à eutanásia. Quais aprendizados teriam retirado dali se não houvessem desistido antes da escolha da "boa morte"? Força. Dedicação. Amor, são alguns exemplos.

É bem verdade que existem casos e casos; presenciamos, certa feita, o caso de um animal atropelado, em que a matéria não poderia ser refeita pelos abnegados veterinários que o recolheram ainda com vida. Nesse caso, contudo, ocorreu a misericórdia divina, ao ser solicitada a eutanásia, adormecendo a matéria, mas não o espírito, deixando o restante do trabalho e talvez o mais difícil para os irmãos zoófilos, que era o desligamento de todos os cordões fluídicos da matéria, já que a eutanásia havia tirado do animal seu último minuto de vida. Porém, na maioria dos casos, e por pior que seja o sofrimento, cada tutor tem em suas mãos a capacidade de auxiliar seus tutelados a permanecerem no estágio de evolução em que se encontram até que a espiritualidade venha cortar os cordões fluídicos que os unem à matéria e, assim, recolhê-los com carinho e encaminhá-los a um tratamento no plano espiritual ou a uma nova reencarnação, dependendo do estado no qual se encontre.

77 EMMANUEL (Espírito). Animais em sofrimento. In: DIVERSOS Espíritos. *Aulas da vida*. [Psicografado por] Francisco Cândido Xavier. São Paulo: IDEAL, 1981, p. 6.

A eutanásia, muito mais do que uma morte boa, pode ser considerada um atentado à vida, pois cada ser vivo que reencarna tem em si uma programação de vida feita pela Divindade. O que, na visão humana, se traduz apenas em sofrimento para o espírito, é depuração e aprendizado; tirar dele seu derradeiro minuto é privá-lo desse aprendizado que lhe foi devidamente programado. Assim, a eutanásia acaba se transformando em uma fuga do tutor diante de um momento difícil e que, como consequência, impede que os cordões fluídicos se rompam normalmente. Pois a matéria morre diante dos olhos, mas o espírito permanece vivo e ainda ligado a ela durante algum tempo, até que os irmãos zoófilos terminem de cortá-los um a um.

Por isso, apesar de vermos, como seres encarnados, o sofrimento da matéria, é preciso pensar também que o espírito que anima aquele corpo necessita daquele aprendizado, que, ao libertar-se normalmente, poderá ser rapidamente levado para um tratamento ou para uma nova roupagem carnal, e que o carinho dos tutores, a água irradiada, os passes e as preces para que o animal se desligue naturalmente do corpo carnal, sem maiores sofrimentos, é que irão auxiliar a todos, tutores e tutelados, em seu caminho evolutivo.

Castração de animais[78]
Eurípedes Kühl

— Castrar animais?

Esta, outra pergunta insistentemente formulada por amigos leitores do meu livro *Animais, Nossos Irmãos*[79], pedindo-nos opinar (nesse meu livro não estão incluídas questões sobre a dor, a eutanásia, a reencarnação, a castração, o "carma" — tudo, obviamente, sobre os animais). Sobre esses temas elaborei texto próprio, para divulgação na internet.

Respondendo... Vamos lá:

Quanto à castração de animais, não podemos aconselhar nem sim nem não. Há vários componentes nessa questão, tanto de ordem moral quanto material. A decisão tem de ser individual, de cada tutor. O que podemos informar, tão somente como opinião, é que, entre a alternativa cruel do abandono ou a castração, consideramos útil essa providência (castração), mil vezes preferível a deixar as multiplicadas crias virem ao mundo e depois abandoná-las, ou o que é pior, sacrificá-las.

Encontramos expressivo respaldo na resposta em *O Livro dos Espíritos*, com trechos que reproduzimos:

> 693. São contrários à Lei da Natureza as leis e os costumes humanos que têm por fim ou por efeito criar obstáculos à reprodução?
>
> "Tudo o que embaraça a Natureza em sua marcha é contrário à lei geral."
>
> Entretanto, há espécies de seres vivos, animais e plantas, cuja reprodução indefinida seria nociva a outras espécies e das quais o próprio homem acabaria por ser

---

78 Fonte: <http://euripedeskuhl.blogspot.com/2015/10/artigo-animais castrarpara-doar.html>.

79 KÜHL, Eurípedes. *Animais, nossos irmãos*. 34. ed. São Paulo: Petit, 2015.

vítima. Pratica ele ato repreensível, impedindo essa reprodução?

"Deus concedeu ao homem, sobre todos os seres vivos, um poder de que ele deve usar, sem abusar. Pode, pois, regular a reprodução, de acordo com as necessidades. Não deve opor-se-lhe sem necessidade. [...].[80]

---

80 KARDEC, Allan. *O livro dos espíritos*: filosofia espiritualista. 93. ed. Rio de Janeiro: FEB, 2013, p. 323.

Metempsicose x reencarnação: polêmica discussão sobre os animais não humanos
Bruno Cunha

Esta é, certamente, uma das temáticas mais complexas e polêmicas que envolvem a comunidade espírita.

Quero esclarecer que a nomenclatura "animais não humanos", que aparenta ser contraditória, é completamente intencional. Pois nos remete à compreensão de nossa natureza humana. Somos animais, por muito tempo difundimos ser a única espécie de animal consciente, o que já foi desmistificado pela comunidade científica. Importante destacar a "Declaração de Cambridge sobre a Consciência em Animais Humanos e Não Humanos", de 2012, quando os maiores estudiosos dessa área vieram a público revelar que não restam mais dúvidas acerca da consciência dos animais, claro, em padrões de conexão muito menores que os nossos. A questão é que temos certeza de que esses seres pensam e sentem dor, trazendo-nos confrontos éticos profundos, dos quais muitas vezes preferimos nos furtar.

Aliás, o próprio *O Livro dos Espíritos* reconhece essa inteligência, acerca de os animais agirem por instinto:

> 593. Poder-se-á dizer que os animais só obram por instinto?
> "Ainda aí há um sistema. É verdade que na maioria dos animais domina o instinto, mas não vês que muitos obram denotando acentuada vontade? É que têm inteligência, porém limitada."[81]

Chamo a atenção para o fato de nós, humanos, sermos apenas uma espécie animal no meio de mais de um milhão

---

81 KARDEC, Allan. *O livro dos espíritos*: filosofia espiritualista. 93. ed. Rio de Janeiro: FEB, 2013, p. 283.

de espécies já reconhecidas e catalogadas e tratarmos tudo ao nosso redor como propriedade nossa, com sentimento de posse-domínio, quando, na verdade, somos parte da natureza. Essa mudança de percepção, condicionando a alterações de comportamento é, certamente, um dos maiores desafios deste século.

Sendo completamente franco, este artigo não tem como objetivo o convencimento acerca de uma das teses, nessa polarizada discussão metempsicose x reencarnação.

O foco é a apresentação das linhas de pensamento, oferecendo mais elementos e fatos à discussão. É necessário respeito absoluto às crenças pessoais de cada um. A pluralidade de ideias, pensamentos e posições traz diversidade e beleza ao Universo. Precisamos, como comunidade, aprender a lidar melhor com nossas diferenças, respeitando o direito do outro, de pensar de forma distinta da nossa. Se há um objetivo neste artigo, não é o de convencimento, mas um apelo para que, independentemente de opinião, possamos perceber que todos nós podemos ser melhores com os animais; que podemos alterar nossas atitudes, enfrentando falhas, buscando nossa evolução em sintonia com esses seres de luz. Este é o apelo que lhe faço, caro(a) leitor(a).

A metempsicose, basicamente, acredita na possibilidade da transmigração de uma alma humana para uma vida animal. Alguns estudiosos, como Pitágoras e Platão, discutiam essa questão, muito difundida na Pré-História e na Antiguidade, bem enraizada em certas culturas orientais. É natural que encaremos com certa estranheza a ideia de podermos em outras vivências vir como tigres, vacas, elefantes, cachorros. É um choque imaginar que nosso animal de estimação possa ser um antigo parente ou amigo, pessoa próxima. Nossa vivência social tende a refutar de imediato essa ideia, sem uma análise mais profunda.

A reencarnação é uma crença basilar da doutrina espírita, que acredita que estejamos aqui em processo contínuo de evolução, entendendo, porém, que os reinos vegetais e animais são anteriores ao humano; portanto, descarta a possibilidade da ótica da metempsicose, que seria um retrocesso (retrogradação evolutiva).

Trazendo para questões mais práticas, muitas vezes nos deparamos com discussões acerca de certos animais serem mais evoluídos que certos humanos (acredito que você, leitor(a), já cogitou dessa teoria), principalmente pela afetividade e ausência de maldade dos animais; em contrapartida, cada vez mais nos assustamos com ações humanas. Paralelamente, muitas das nossas relações sociais foram alteradas. Hoje, na lógica jurídica, tratamos de famílias multiespécie, ou seja, os animais são vistos como membros familiares, fazem parte do nosso cotidiano, são muitas vezes nosso refúgio e paz nas decepções diárias.

Estive na Índia e lá passei a observar e conhecer mais essa teoria da metempsicose; muitos cultivam essa crença, criam essa conexão e proteção aos animais por acreditarem estar cuidando, se relacionando com antepassados. É algo muito interessante, pois, em muitos desses casos, a preocupação não é com o animal em si, mas com a alma (então humana) que pode estar por trás.

É muito comum, além de animais sagrados dentro do hinduísmo (vaca, macaco), a devoção a determinada espécie animal pelos mais variados motivos, muitas vezes por associação com a partida de alguém próximo. Da mesma forma que nos causa estranheza essa relação, certamente causa, aos orientais, perplexidade ante nossos hábitos e dogmas.

Independentemente da crença acerca dessas teorias, é válido destacar que, na pergunta 597a, Kardec, em *O Livro dos Espíritos*, reconhece a existência de uma alma-animal: "É também uma alma, se quiserdes, dependendo isto do sentido que se der a esta palavra".

Com esse reconhecimento, não restam dúvidas de nossa responsabilidade perante esses seres. Nesse sentido, várias casas espíritas têm dedicado importantes estudos no avanço dessa temática, realizando, inclusive, técnicas de fluidoterapia em prol da cura dos animais.

A realidade é que os animais nos ensinam muito. Nosso poder de conexão não nos dá direito de exploração de outros seres; muito pelo contrário, é necessário entendermos essa relação de forma distinta, tendo coragem e atitudes para transformar nossa sociedade.

Que possamos evoluir como espíritos, avançar também como coletividade, construindo um mundo melhor, em que haja respeito, amor e cuidado para com todos os seres vivos.

A reencarnação dos animais[82] [83]
Marcel Benedeti

P. Existe um planejamento reencarnatório para os animais?

R. Sim. O Espírito Verdade disse (em *O Livro dos Espíritos*, questão 595), que os animais não são simples máquinas, como supomos. Por isso, são tratados de modo especial e não sem qualquer planejamento. Quando se trata de animais superiores, como por exemplo, os mamíferos, há um planejamento-padrão, além de outro, quase individualizado. Quando é o caso de animais de escalas evolutivas anteriores (insetos, por exemplo), são tratados de modo padronizado, somente por métodos preestabelecidos, mas mesmo assim há planejamento para cada espécie.[84]

A partir de um determinado patamar evolutivo, os animais passam a ser tratados de modo mais individual, pois já atingiram certo grau de independência e estão mais livres de padrões. Por serem mais independentes, são preparados para a reencarnação de modo particular, em alas compartilhadas com um menor número de indivíduos se comparado com animais que se encontram em fases evolutivas anteriores, que são preparados de modo padronizado para todo o grupo.

P. Eles podem reencarnar na mesma família em que eram queridos?

82 Fonte: <http://espiritananet.blogspot.com/2011/02/reencarnacao-dos-animais-parte-12.html> do *site* <https://www.comunidadeespirita.com.br/espiritualidade/>.

83 "Todos os seres animais e humanos experimentam esse impositivo dos renascimentos sucessivos de forma a se aprimorarem e alcançarem o estado de consciência cósmica." ÂNGELIS, Joanna de. (Espírito). *Jesus e o Evangelho à luz da psicologia profunda*. 5. ed. [Psicografado por] Divaldo P. Franco. Salvador: Alvorada, 2014. Cap. 5, p. 22.

84 Em *O Livro dos Espíritos*, questão 607, Allan Kardec escreve: "Acreditar que Deus haja feito, seja o que for, sem um fim, e criado seres inteligentes sem futuro, fora blasfemar da Sua bondade, que se estende por sobre todas as suas criaturas".

R. Os animais, principalmente os domésticos, aprendem conosco que somos, além de irmãos, seus professores. Durante o tempo em que permanecem conosco, passam por várias experiências como encarnados e, quando já for o suficiente, provavelmente eles reencarnarão em outra família e em outra localidade, onde aprenderão coisas que não podemos oferecer. Mas, em geral, retornam várias vezes ao mesmo lar.

Os animais cumprem alguns roteiros padronizados de aprendizado, além de outros mais particularizados e, desde que passem a contento, seguem para outra fase evolutiva e de aprendizado em companhia de pessoas diferentes, que possam oferecer novas experiências a eles. O fato de serem queridos é importante, mas não é o fator determinante para que retornem ao mesmo lar.

P. Para a reencarnação, qual o critério de escolha da família para onde devem ir os animais?

R. Quando os animais que vivem em maior proximidade dos seres humanos desencarnam, eles são imediatamente, na maioria das vezes, encaminhados à reencarnação. Para alguns grupos de animais existem condições preestabelecidas e padronizadas, mas, para outros, há condições particulares, individualizadas. Para tanto, há cronogramas particulares de roteiros de aprendizado que devem ser seguidos sob a orientação de espíritos encarregados disso. Espíritos de elevada categoria elaboram os projetos que são colocados em prática por espíritos subordinados que se encontram mais próximos dos animais. Eles, então, organizam os animais ou os espíritos deles, para esta ou aquela atividade relacionada aos nossos irmãos, até completar o aprendizado em determinado grupo humano. Existem vários planos para um mesmo animal ou grupos de animais que podem ser substituídos um por outro a qualquer momento, segundo a determinação desses grupos espirituais de maior hierarquia, que decidem sobre os caminhos que deverão seguir os animais sob sua responsabilidade. Em geral, o plano original é mantido na medida do possível, e somente é substituído em situações que obriguem a isso para preservar a vida do animal.

P. É possível um animal reencarnar no mesmo lar?

R. Sim, é possível e ocorre com frequência, pois o aprendizado não se interrompe com a desencarnação do animal. Como retornam na primeira oportunidade, continuam praticamente do ponto onde pararam. A vida não é interrompida com a morte do corpo físico, pois do mesmo modo como nosso espírito evolui pela reencarnação, os animais também reencarnam para reiniciar sua jornada interrompida temporariamente. No mundo espiritual, os espíritos encarregados da evolução deles os encaminham às famílias ou aos locais onde deverão prosseguir com seu aprendizado, que, em geral, se repete várias vezes, podendo ser também por um curto período, dependendo da necessidade. [85]

P. Fale um pouco sobre o tempo necessário para o animal reencarnar após ter desencarnado.

R. Ao desencarnarmos, ou quando desencarna um animal, alguns ajustes são necessários ao nosso espírito e ao nosso corpo espiritual antes de retornarmos ao mundo físico. Quando desencarnamos de forma violenta, por exemplo, podem ocorrer lesões em nossos corpos espirituais, que precisam ser reparadas antes do retorno. Os animais considerados inferiores passam por tratamentos preparatórios padronizados rápidos e, portanto, o retorno também é rápido. Animais superiores passam por tratamentos quase individualizados e mais demorados. O tempo varia de espécie para espécie animal, em função de seu grau de evolução e das condições, que são variáveis; mas sempre esse período é relativamente curto, se comparado ao tempo que decorre para uma reencarnação humana. Minutos, horas, dias, meses, anos. Isso, como dissemos, ficará dentro de uma variante na dependência da necessidade evolutiva. Para se ter uma ideia, a preparação de um cão está em torno de dois a três dias (alguns animais domésticos podem permanecer no plano espiritual por mais tempo ou por tempo indeterminado, se estiverem sob a tutela e responsabilidade de algum espírito amigo que queira cuidar dele) antes de ser enviado para o mundo físico na forma de um

---

[85] "Chico, pare e preste atenção neste cãozinho. É o Dom Pedrito que está voltando para você." Emmanuel, mentor espiritual de Chico Xavier, alertando o médium quanto à reencarnação de seu cão. PRADA, Irvenia L.S. *A questão espiritual dos animais*. São Paulo: FE Editora Jornalística, 2001.

embrião, que irá se adaptar ao útero materno e se desenvolverá durante o período de gestação, que, no caso dos cães, é de cerca de 60 dias. O tempo que permanecem no plano espiritual, chamado de erraticidade[86], é curto, pois não dispõem de muito para avançarem na evolução espiritual. Eles não podem se dar ao luxo de desperdício de tempo. Quanto mais depressa retornam ao físico, mais experiências adquirem para evoluir.

P. Gostaria que fossem comentados os processos reencarnatórios dos animais e suas diferenças entre nós, humanos.

R. No livro de André Luiz *Evolução em Dois Mundos*, cap. V — Células e corpo espiritual — Princípios inteligentes rudimentares)[87], encontramos relatos sobre a preparação para a reencarnação de pessoas e, curiosamente, ele perguntou ao seu mentor se para os animais os processos reencarnatórios seriam diferentes. Como resposta, foi dito que para os animais as condições e os processos são idênticos aos dos humanos. Não há razão para ficarmos surpresos com isso, porque reencarnamos infinitas vezes como animais e depois como seres humanos. A única diferença que existe entre os processos reencarnatórios dos animais e os nossos é somente a forma do corpo e o tratamento individual, que é uma constante para os seres humanos, mas, para os animais, nem sempre é assim.

Quando retornamos do mundo espiritual, nosso corpo espiritual, que é composto por células espirituais, se contrai. Elas se comprimem umas contra as outras e se fundem. Ao se fundirem, adquirem formas cada vez mais simples e tomam formas mínimas (miniaturização do corpo espiritual), podendo chegar a ter o formato de umas poucas células, quando estão prontas a retornarem ao plano físico. Quando atinge o ponto adequado de miniaturização, esse corpo espiritual é conectado ao corpo físico da mãe ou do instrumento gerador físico (ovo, por exemplo), no qual o processo de miniaturização se inverte e as células começam a se descontrair e dão a forma ao corpo em que se desenvolverão. O novo embrião resultante dessa descontração de corpos celulares passa por fases de

---

86 Erraticidade: estado dos espíritos não encarnados durante os intervalos de suas existências corpóreas.
87 LUIZ, André (Espírito). *Evolução em dois mundos*. [Psicografado por] Francisco Cândido Xavier e Waldo Vieira. Rio de Janeiro: FEB, 2008.

desenvolvimento celular inversas ao que passou na etapa de miniaturização e se torna um novo corpo. Este, ao envelhecer, perde a vitalidade e é abandonado, no momento da morte, pelo espírito, que volta ao mundo espiritual para reiniciar o processo reencarnatório. Todo esse procedimento ocorre também conosco.

P. O animal pode desencarnar e retornar no mesmo círculo de sua família animal?

R. Os seres humanos são os principais professores dos animais (animais domésticos), que, pelo exemplo, aprendem o que precisarão saber quando atingirem a fase de humanidade. Nesse convívio, sentimos afinidade mais com este ou com aquele espírito que está sob nossa responsabilidade nesse aprendizado como animal. Muitas vezes, este convive e retorna para completar seu aprendizado conosco por várias reencarnações seguidas, criando laços de amizade mais fortes. Em se tratando de se reencontrar com os humanos com quem conviveu, podemos dizer que, quando o espírito desse animal terminou sua fase de aprendizado conosco, em geral ele passa ao convívio de outra família ou em outro lugar na reencarnação seguinte. Mas, se se criou um vínculo de amizade, é provável que, mesmo estando com outra família e em outro local, acabemos nos encontrando. Quando os animais estão em fases mais primitivas (selvagens), o aprendizado principal está no contato com outros espíritos que se encontram no mesmo nível evolutivo (outros animais selvagens). São os membros da família animal. O aprendizado pode ocorrer nesta ou naquela família animal, sem prejuízo do aprendizado, porque ele é simultâneo dentro da mesma família. Os laços entre eles não são tão fortes quanto os que se formam no nosso encontro, pois estão como membros de uma mesma família, em um mesmo nível. O encontro deles teria a finalidade de troca de experiências, enquanto o convívio conosco traz um aprendizado mais rápido e eficaz para a entrada futura no plano da humanidade. Os espíritos desse nível de aprendizado (animais) podem retornar juntos em uma mesma família ou não. Quando em fase selvagem, o importante é o aprendizado dentro de sua comunidade, enquanto para os animais domésticos o mais importante é o aprendizado entre eles e nós.

P. Gostaria de saber qual a diferença no processo de reencarnação de um animal de grande porte (baleia, elefante) para um animal menor (gato, gafanhoto).

R. O tamanho não é o principal parâmetro em que se baseiam os espíritos para proceder à reencarnação, mas sim o grau de evolução em que se encontram. No entanto, na maioria das vezes, a evolução determina aos espíritos encarnados na fase animal que recebam corpos mais elaborados e complexos e, consequentemente, maiores. Os insetos, que são animais pequenos, estão em fases anteriores, em que necessitam permanecer em grupos nos quais recebem tratamentos coletivos padronizados para reencarnarem (referência aos "corpos coletivos"). Mas o tamanho pode ter alguma influência, pois o tempo necessário para a miniaturização do perispírito dos animais de maior tamanho pode ser mais demorado do que a de um menor. Quanto maior o número de células espirituais do corpo espiritual, que precisam se contrair e se fundir umas às outras, tanto maior será o tempo necessário; em inseto, por exemplo, que não possui grande individualidade, cujo retorno ao mundo físico é preparado de modo coletivo, retorna em questão de segundos para cá. Animais maiores, mais evoluídos e com necessidades individuais, precisam de mais tempo e se demoram mais na outra dimensão. Basicamente, o tempo e as diferenças nas preparações pré-reencarnatórias estão em função do tamanho e da individualidade dos processos.

P. No livro *Todos os Animais Merecem o Céu*[88], você cita que os animais, ao serem tratados para reencarnar, se miniaturizam até terem a forma de mórula. O que significa isso?

R. Mórula é o nome que se dá a uma das fases de desenvolvimento do embrião em que ele adquire a forma de uma amora. Por ser microscópico, é chamado de mórula, que significa pequena amora. Assim que o espermatozoide se encontra com o óvulo, uma série de divisões celulares começa a acontecer e o óvulo fecundado começa a se segmentar e se divide inicialmente em duas partes, depois em quatro, depois em

---

88 BENEDETI, Marcel. *Todos os animais merecem o céu*. 11. ed. São Paulo: Mundo Maior, 2012.

oito, em 16, 32 e assim por diante, à medida que o embrião se desenvolve e começa a ganhar formas mais definidas de um feto. Conforme seu desenvolvimento continua, este começa a se tornar maior e mais parecido com o que se tornará quando nascer (um animal de determinada espécie) e, por fim, o nascimento. Depois de nascido, o desenvolvimento físico continua até se tornar adulto. Se, hipoteticamente, vier a falecer nessa fase, o seu espírito se desligará do corpo físico e retornará ao mundo espiritual, levando consigo o corpo espiritual, que possui as células perispirituais idênticas às do corpo físico. Uma vez na outra dimensão, o animal é levado aos locais onde será preparado para a reencarnação. Em uma das câmaras, o corpo perispiritual começa a se contrair e as células começam a se fundir, tornando-se compactadas. Fundem-se até adquirirem a aparência de um embrião em estágio inicial de formação, ou seja, em forma de mórula. Nesse ponto, cessa a preparação para o reencarne, pois é o momento em que o espírito em forma de mórula é implantado no corpo materno para iniciar seu desenvolvimento embrionário e se tornar feto e nascer novamente no mundo físico.

Assistência espiritual
aos animais desencarnados[89]
Irvênia Prada

Muito mais do que supomos, os animais são assistidos em seu desencarne por espíritos zoófilos, que os recebem no plano espiritual e cuidam deles.

Notícias pela *Folha Espírita* (dez. 1992) nos dão conta de que Konrad Lorenz — zoólogo e sociólogo austríaco, nascido em 1903 —, o pai da Etologia (ciência do comportamento animal, que enfoca também aspectos do comportamento humano a ele eventualmente vinculados) continua trabalhando, no plano espiritual, recebendo com carinho e atenção animais desencarnados.

Também temos informações, que nos foram transmitidas pelo espírito Álvaro, de que há vários tipos de atendimento para os animais desencarnados, dependendo da situação, especialmente para os casos de morte brusca ou violenta, possibilitando melhor recuperação de seu perispírito. Existem, ainda, instalações e construções adequadas para o atendimento das diferentes necessidades, onde os animais são tratados.

Tendo sido perguntado se os animais têm "anjo da guarda", Álvaro respondeu que sim; alguns espíritos cuidam de grupos de animais e, à medida que eles vão evoluindo, o atendimento vai tendendo à individualização.

Concluindo, podemos dizer que, para os animais, é discutível se existe o estado errante ou de erraticidade. Eu, particularmente, estou propensa a aceitar que esse estado existe, sim, para os animais, se o entendermos como "o estado dos espíritos durante os intervalos das encarnações".

89 PRADA, Irvênia L.S. *A questão espiritual dos animais*. São Paulo: FE Editora Jornalística, 2001.

Se esses intervalos são curtos ou longos, não se sabe exatamente. Penso que existam situações das mais variadas possíveis, face à grandeza da biodiversidade animal, devendo, portanto, acontecer tanto reencarnes imediatos quanto mais ou menos tardios.

Por outro lado, existe, ainda, a consideração de que o espírito errante pensa e age por sua livre vontade, além de ter consciência de si mesmo, o que não aconteceria em relação aos animais.

Mas, isso não aconteceria até mesmo com espíritos humanos em determinadas e graves condições de alienação mental, como é o caso dos "ovoides", a exemplo do que refere André Luiz, no livro *Libertação*[90].

A rigor, nesta abordagem, teríamos de condicionar o conceito de erraticidade não apenas ao fato de o espírito (humano ou animal) estar desencarnado — vivenciando, portanto, o intervalo entre duas encarnações — como também às suas condições mentais do momento.

Quanto ao reencarne dos animais, perguntou-se ao espírito Álvaro se os animais estabelecem laços duradouros entre si, ao que ele respondeu? — "Sim, existe uma atração entre os animais, tanto naqueles que formam grupos como naqueles que reencarnam domesticados. Procuramos colocar juntos espíritos que já conviveram, o que facilita o aparecimento e a elaboração de sentimentos".

E qual é a finalidade da reencarnação para os animais? Conforme os espíritos da Codificação, a finalidade é sempre a da oportunidade de progresso.

---

90 LUIZ, André (Espírito). *Libertação*. [Psicografado por] Francisco Cândido Xavier. 33. ed. Rio de Janeiro: FEB, 2013.

Colônias espirituais para os irmãos menores animais[91]
Denise Roeck

Certo dia, nos idos do século XIX, Allan Kardec fez uma pergunta aos espíritos superiores, registrada sob o n° 234 em *O Livro dos Espíritos*[92]: "Há, de fato, como já foi dito, mundos que servem de estações ou pontos de repouso aos Espíritos errantes?".

Tal pergunta mereceu, então, a seguinte resposta:

> Sim, há mundos particularmente destinados aos seres errantes, mundos que lhes podem servir de habitação temporária, espécies de bivaques, de campos onde descansem de uma demasiado longa erraticidade, estado este sempre um tanto penoso. São, entre os outros mundos, posições intermédias, graduadas de acordo com a natureza dos Espíritos que a elas podem ter acesso e onde eles gozam de maior ou menor bem-estar.

Em seus comentários sobre a mesma questão (234), Miramez[93] afirma, dentre outras considerações, que

> Nos mundos transitórios podemos encontrar Espíritos de várias escalas, recebendo lições de acordo com as suas necessidades de ascensão, porém, a bondade de Deus é tão grande que Ele não deixa faltar Seus anjos junto a esses seres errantes, para instruí-los, ensinando-lhes a amar. Em seus corações aparecem rudimen-

---

91 Fonte: <http://urs.bira.nom.br/espiritismo/gfe/gfe00106.htm> Acesso em: 3 fev. 2021.
92 KARDEC, Allan. *O livro dos espíritos*: filosofia espiritualista. 93. ed. Rio de Janeiro: FEB, 2013, p. 156.
93 MIRAMEZ (Espírito). *Filosofia espírita*. [Psicografado por] João Nunes Maia. Belo Horizonte: Espírita Cristã Fonte Viva, 1988. V. 5, p. 67.

tos de virtudes, com tendências de crescimento espiritual.

Lembremos Jesus quando disse: — Na casa de meu Pai há muitas moradas. As moradas são inúmeras no espaço imensurável. *São incontáveis os mundos que servem de casas para todas as qualidades espirituais, dando a cada um o que deve receber na pauta da verdadeira justiça e do amor.* (grifos nossos)

[...]

O Cristo desceu das esferas iluminadas para se juntar aos homens, doando Seu coração de luz em forma de livro sagrado, escrito por Deus. Essa herança divina se desfruta mesmo no mundo espiritual. O que fazer desse celeiro inesgotável? [...].

Enquanto refletimos sobre o assunto, não podemos deixar de tecer um paralelo em relação aos nossos irmãos menores animais e à existência de colônias espirituais destinadas a prestar assistência específica a eles quando desencarnam. Embora os animais não possam ser inseridos na condição de "espíritos errantes", o Espírito Verdade, em resposta à questão 607-a de *O Livro dos Espíritos* destaca:

Já não dissemos que tudo na Natureza se encadeia e tende para a unidade? Nesses seres, cuja totalidade estais longe de conhecer, é que o princípio inteligente se elabora, se individualiza pouco a pouco e se ensaia para a vida, conforme acabamos de dizer. [...] **Reconhecei a grandeza de Deus nessa admirável harmonia, mediante a qual tudo é solidário na Natureza. Acreditar que Deus haja feito, seja o que for, sem um fim, e criado seres inteligentes sem futuro, fora blasfemar da sua bondade, que se estende por sobre todas as suas criaturas.**[94] (grifos nossos).

Na literatura espírita, em especial nas obras de André Luiz, encontramos várias referências a colônias espirituais reservadas a espíritos humanos que contam, também, com a presença de animais, os quais atuam sob as instruções de espíritos superiores.

Entretanto, ainda são escassas as informações sobre co-

94 KARDEC, Allan. *O livro dos espíritos*: filosofia espiritualista. 93. ed. Rio de Janeiro: FEB, 2013, p. 288-9.

lônias espirituais destinadas especificamente aos irmãos menores animais, existentes na contraparte etérica da biosfera terrestre. Mas já há registros.

O médico-veterinário espírita Marcel Benedeti, idealizador do trabalho de assistência espiritual na casa espírita, assim respondeu a uma pergunta, durante entrevista publicada no *site* Comunidade Espírita:

> P. Existem relatos a respeito de algum lugar no mundo espiritual onde os animais permanecem, assim como as cidades espirituais para os próprios espíritos?
>
> R. Em um dos programas na Rádio Boa Nova, a apresentadora citou um estudioso (Conrad Lorens) das comunicações eletrônicas (transcomunicação instrumental), em que foram recebidas imagens da dimensão espiritual nas quais era possível ver patos nadando em um lago em segundo plano. Nós sabemos que os animais possuem alma, isto é, os animais são espíritos encarnados. Mas o que são antes de encarnarem? São espíritos desencarnados e, como tal, devem permanecer em algum lugar no mundo espiritual. Onde é este local? Pelo *O Livro dos Espíritos*, sabemos que os animais não ficam na erraticidade como espíritos errantes. Então, onde ficam? O Espírito Verdade diz que os animais são cuidados por espíritos específicos, isto é, são assistidos por espíritos superiores em seus aspectos evolutivos. Para isso, eles devem estar em algum lugar, que talvez sejam as colônias específicas. André Luiz fala em seus livros sobre a existência de animais no mundo espiritual, auxiliando em resgates de pessoas vindas do Umbral e de cães nas colônias transitórias como animais de companhia. [...]

Temos notícias de diversas colônias para animais, mas as mais conhecidas são "Rancho Alegre" e "Arca de Noé"; no entanto, não são as únicas. Existem infinitas quantidades dessas colônias pelo Universo, que é infinito. Existem também animais em colônias destinadas aos seres humanos. No livro *Todos os Animais Merecem o Céu*[95] , fala-se sobre como é a vida desses nossos irmãos nas colônias destinadas a eles.

---

95 BENEDETI, Marcel. *Todos os animais merecem o céu*. 11. ed. São Paulo: Mundo Maior, 2012.

O Animal na Casa Espírita

Outro livro que comenta algo a esse respeito é *Todos os Animais são Nossos Irmãos*[96], que fala sobre as colônias intermediárias.

> P. Existem outras colônias para animais no mundo espiritual, além do Rancho Alegre?
>
> R. Como vimos no Evangelho que 'há muitas moradas na Casa de meu pai', há muitos mundos e, portanto, há um número proporcional de colônias nesses mundos. [...].

Além da Colônia Rancho Alegre, citada por Marcel Benedeti em seu livro *Todos os Animais Merecem o Céu*, há menção também à Colônia Celeiro dos Anjos, no livro *A Desencarnação dos Animais*[97], do Espírito Fabrício, que seria administrada por um espírito chefe-guardião denominado Atanael. Por sua vez, no livro *Amigo Fiel*[98], do Espírito Lucas, encontramos referências a uma antiga e grande colônia espiritual para animais, cujo mentor é o espírito Francisco de Assis. Informações recebidas por via mediúnica esclarecem que se trata da Colônia Irmãos Menores Animais, na qual o princípio inteligente está em sua forma mais primitiva, necessitando de ações específicas para a formação embrionária de novos animais. É administrada pelo espírito frei Bernardo e conta com grande proteção de segurança a cargo de espíritos superiores.

Encerrando, vale mencionar que em sites espíritas encontra-se o conteúdo de duas comunicações mediúnicas bastante esclarecedoras sobre o assunto, recebidas em 2 de abril de 1999, no Grupo Espírita Bezerra de Menezes e Sociedade de Estudos Espíritas Allan Kardec, de São José do Rio Preto (SP). A seguir, reproduzimos uma delas em seu inteiro teor, conforme transmitida pelo espírito Erasto:

> Evocação de um espírito instrutor para falar sobre os espíritos de animais.
>
> Aqui estou para auxiliardes, dentro dos meus conhecimentos sobre o tema pretendido.

---

96 BENEDETI, Marcel. *Todos os animais são nossos irmãos*. São Paulo: Mundo Maior, 2008.
97 FABRÍCIO (Espírito). *A desencarnação dos animais*. [Psicografado por] Janete Marie Monteiro Figueiredo. Limeira: Conhecimento, 2011.
98 LUCAS (Espírito). *Amigo fiel*. [Psicografado por] Osmar Barbosa. Rio de Janeiro: Book Espírita, 2018.

P. Poderíeis nos esclarecer se os animais possuem erraticidade e se mantêm suas individualidades?

R. Sim, eles possuem certa erraticidade, pois suas individualidades são mantidas após a morte do corpo físico. Porém, é necessário compreenderdes que não se pode considerar seu estado como aquele que passam os espíritos dos homens. São duas condições diferentes. Numa, o espírito tem inteligência e vida moral. Noutra, apenas os rudimentos da inteligência e completa inconsciência de si mesmos. Os primeiros aguardam a reencarnação para expiar o passado delituoso. Os segundos, apenas um novo corpo para seguirem desenvolvendo-se no processo que lhes é próprio.

P. Poderíeis nos explicar melhor esta diferença?

R. Um deles, o espírito do homem, encontra-se em determinada região do plano espiritual devido à sua condição moral, que determina a posição na hierarquia espiritual. O outro, o espírito do animal, é projetado após o desencarne em regiões apropriadas ao seu grau de evolução. Como não possuem as mesmas condições mentais, ou seja, de estrutura psicológica, não podem ocupar a mesma situação no mundo dos espíritos.

P. Mas, o mundo espiritual não é semelhante ao mundo terreno?

R. Depende do que se entende pela palavra 'semelhante'. Determinadas regiões astrais são muito parecidas com a superfície terrena e elas frequentemente abrigam espíritos de homens e de animais. Mas não na mesma faixa vibratória.

Quando encarnados, eles vivem na mesma dimensão devido ao aprisionamento que o corpo lhes proporciona, mas, uma vez libertos da matéria, cada um é atraído para as regiões que lhes são próprias. Não deveis fazer confusão entre esses dois estados. Quando desencarnados, não vereis a Jesus, pois entre vós e Ele há uma diferença vibratória considerável, determinada pela alta condição moral e intelectual do Seu espírito. Os animais estão para os espíritos dos homens, assim como os homens vulgares estão para o Espírito do Senhor. Pensai e entendereis.

P. Mas os espíritos de animais podem ser vistos em

O Animal na Casa Espírita

regiões denominadas colônias espirituais?

R. Sim, eles podem ser vistos em ambientes que se delimitam com as regiões astrais onde suas almas estacionam, numa espécie de erraticidade, aguardando serem conduzidos por benfeitores dedicados à tarefa de os transportar à experiência carnal.

P. Mas, já se ouviu dizer que alguns espíritos de animais são utilizados em caravanas socorristas feitas em regiões umbralinas. Isso é verdade?

R. Sim. Esses espíritos de animais podem ser guiados por entidades esclarecidas, de modo a procederem de determinada maneira. Mas sua ação no plano invisível limita-se a certas faixas vibratórias e à vontade desses espíritos que lhes impõem o desejo à vontade.

P. Eles sabem que estão fazendo um serviço junto a outros espíritos?

R. Como vos foi dito, animais são sempre animais. Não possuem consciência de que agem por vontade de entidades superiores.

P. Mas, sem a ação dessa vontade superior, como ficaria o espírito desses animais?

R. Estacionados nas faixas que lhes são inerentes, aguardando seu renascimento na matéria; um tempo que poderá ser mais ou menos longo, conforme o plano dos espíritos diretores do orbe.

P. Tem-se ouvido falar que, em regiões trevosas, espíritos de animais ferozes e de aparência horripilante aparecem a visitantes que "viajam" a essas regiões. Como pode ser isso? Esses espíritos são verdadeiros?

R. Pensai e encontrareis a resposta facilmente. Como determinar se o espírito de um animal é bom ou mal, se ele não tem vida moral? Qual lei determinaria sua situação no plano invisível, se ele não pensa ou se conduz por atos morais? Assim, podeis compreender que tais formas horrendas, que atormentam almas ou espíritos que vão a essas regiões são, em verdade, espíritos maus transfigurados, ou projeções mentais provocadas por eles. Já afirmamos e repetimos: as formas espirituais que animam os animais e as plantas possuem, cada uma, as faixas vibratórias das 'regiões espirituais' que lhes são apropriadas. Nos mundos transitórios, 'as colônias', só são observadas tais formas caso esses ambientes estejam em relação direta com essas faixas. De outro modo, plantas ou animais que ali são vistos são produtos das projeções mentais de espíritos superiores que cuidam de administrar esses lugares reservados a desencarnados a caminho da luz.

P. Os espíritos afirmaram na Codificação que as formas espirituais que animam os animais são utilizadas quase que imediatamente para novas reencarnações. Que tendes a dizer a respeito?

R. Afirmo-vos que as coisas não se passam tão rapidamente como imaginais. Considerai que o tempo entre os planos material e espiritual possui significativa diferença. Já não foi dito que um ano para Deus é mil anos para os homens? Pensai e obtereis a resposta.

Na senda de ascensão[99]
Emmanuel/Chico Xavier

O animal caminha para a condição do homem, tanto quanto o homem evolui no encalço do anjo.

No reino animal, a consciência, à feição de crisálida, movimenta-se em todos os tons do instinto, no rumo da inteligência.

No reino hominal, a consciência avança em todos os aspectos da inteligência, objetivando a conquista da razão sublimada pelo discernimento.

E, no reino angélico, essa mesma consciência, em múltiplas expressões de sabedoria e de amor, segue, vitoriosa, para a perfeita santificação, comungando a perfeita felicidade do Pai Celestial.

No campo das formas efêmeras, cada ser, portanto, pode residir, à parte, na elaboração dos próprios valores que o erguerão aos níveis mais altos da vida; entretanto, no mundo das essências, irmanar-se-á com o Todo da Criação, crescendo para a Unidade Cósmica — porto divino a esperar-nos sem distinção — de modo a investir-nos, um dia, na posse da celeste herança que nos é reservada.

Desse modo, se pedes proteção e arrimo aos que te precederam na vanguarda do progresso e se aguardas a assistência dos benfeitores que, de Mais Alto, te observam as esperanças, compadece-te também das criaturas humildes que laboriosamente se agitam na retaguarda, peregrinando ao teu encontro.

Se é justo esperar pelo amor que verte sublime, do Céu, em teu benefício, é preciso derramar esse mesmo amor na fur-

---

99 EMMANUEL (Espírito). *Alvorada do reino*. [Psicografado por] Francisco Cândido Xavier. São Paulo: IDEAL, 1988. p. 10. Também disponível em: <http://www.caminhosluz.com.br/detalhe.asp?txt=2884>. Acesso em: 18 maio 2019.

nas da Terra, a que consciências fragmentárias se acolhem, contando contigo para que se eduquem e aperfeiçoem.

Para o homem, o anjo é o gênio que representa a Providência Divina e, para o animal, o homem é a força que representa a Divina Bondade.

Recorda os elos sagrados que nos ligam uns aos outros na estrada evolutiva e colabora na extinção da crueldade com que até hoje pautamos as relações com os nossos irmãos menores.

Lembra-te do mel que te angaria medicação, da lã que te oferece o agasalho, da tração que te garante a colheita farta e do estábulo que te assegura reconforto e sejamos mais humanos para com aqueles que aspiram à nossa posição dentro da humanidade.

Auxilia aos que te seguem os passos e mantém a certeza de que receberás em pagamento de paz e luz o concurso daqueles que te antecederam no acesso a culminâncias da vida maior.

A fé nos confere consolação, mas nos reveste de responsabilidade a que não podemos fugir.

"Humanização" dos animais[100]
Divaldo P. Franco

Amor aos animais

Em um governo do passado, um de seus ministros conduziu, oportunamente, um cão ao veterinário em carro oficial. Surpreendido por um repórter, este advertiu-o sobre a irregularidade que estava cometendo, e o mesmo respondeu enfático: — Os cães também são gente!

Acredito, pessoalmente, que o Sr. Ministro quis dizer que os animais também merecem o tratamento dado às criaturas humanas.

De imediato, foi ironizado e tornou-se motivo de troça.

Se ainda estiver reencarnado, ele poderá esclarecer que os animais estão sendo mais bem tratados do que os seres humanos.

O amor aos animais demonstra uma grande conquista pela sociedade, em razão do respeito à vida em todas as suas expressões.

Os animais merecem as mais carinhosas expressões de ternura e cuidados na condição em que estagiam.

Francisco, o santo de Assis, assim o fez, inclusive ao então terrível lobo de Gúbio. Entretanto, forçoso é considerar, como ocorre em todas as ideias que se transformam em tendência, isto é, se fazem voga, que nelas surgem comportamentos extravagantes.

Os animais, quando domesticados, tornam-se excelentes companheiros de pessoas enfermas, solitárias, portadoras de conflitos, inclusive depressão, autismo, síndrome de Down e outros problemas.[101]

---

100 FRANCO, Divaldo P. Humanização dos animais. In: *A Tarde*, Salvador, 29 nov. 2018. Coluna Opinião.

101 Lembre-se também, por exemplo, do inestimável serviço prestado pelos ca-

A solidão também requer muito o amor dos animais, tornando-os verdadeiros amigos e companheiros.

No entanto, em uma civilização na qual a miséria moral é muito grande, dela decorrendo a miséria socioeconômica, os excessos nos cuidados aos animais tornam-se uma afronta ao sofrimento dos invisíveis, que se tornam desagradáveis, desprezados e, não raro, perseguidos.

É compreensível que, através do amor, que deve viger entre as criaturas, este se expanda aos animais, aos vegetais, à natureza que nos mantém vivos e, ingratamente, a destruímos.

Substituir o afeto de um ser humano pelo de um animal é lamentável, porque os dois não são incompatíveis. Pode-se amar o gênero humano e também o animal, com o mesmo calor emocional e cuidado.

Algumas pessoas, sofridas e solitárias, referem-se que preferem amar aos inocentes animais que aos indivíduos conscientes, que traem, magoam e são indiferentes aos seus padecimentos.

Não me parece feliz a troca afetiva, porque o instinto de preservação da vida também se encontra nos animais e, graças ao instinto, em algumas vezes sucedem graves acontecimentos entre estes e os seus cuidadores.

É inegável que tentar transformar um animal em um ser humano, por mais que se cuide de trabalhar esse requisito, jamais se conseguirá. Entretanto, o amor que lhe seja dedicado é um passo gigantesco na afetividade que um dia será dirigida às criaturas humanas.

A evolução é inevitável e a força do amor, invencível.

---

valos na chamada "equoterapia" — usada no tratamento de pessoas com necessidades especiais como as citadas.

Família multiespécie[102]
Ricardo Luiz Capuano

Animais de estimação dentro dos lares!

Tendência crescente no mundo que também se verifica no Brasil, a presença de animais de estimação nos lares vem aumentando de forma surpreendente. Cerca de 60% dos lares brasileiros têm como moradores pessoas e animais de companhia, especialmente cães e gatos, fazendo com que os estudiosos revejam o conceito de família. Se, antes, o principal critério eram os laços de sangue, formando o modelo tradicional de pai, mãe e filhos, hoje, são os LAÇOS AFETIVOS, que unem pais, filhos e *pets*.

É impossível pensar em família, atualmente, sem considerar a interação humano-animal. É a chamada FAMÍLIA MULTIESPÉCIE.

Sob o impulso da "pandemia", cada vez mais os animais têm adentrado nossos lares, nossas famílias e nossos corações!

A Antrozoologia, nova área do conhecimento que estuda as interações entre seres humanos e animais, tenta explicar esta tendência mundial.

Nos estudos da Antrozoologia são apresentadas diferentes teorias para os laços cada vez mais fortes entre pessoas e bichos. Uma das mais aceitas é de que a crescente associação entre seres humanos e animais dá-se como estratégia para enfrentar os desafios da sobrevivência. Humanos e animais de companhia são seres gregários. E ambos gostam de estar na companhia um do outro, além do que, os bichos oferecem suporte para a sobrevivência das sociedades.

No mundo atual, onde são incentivados o individualismo, a perda de laços familiares e a solidão, a presença dos animais

102 Fonte: https://www.portalpetnews.com.br/familia-multiespecie/

serve como apoio social, fortalece o sentimento de que somos pertencentes à sociedade, amados, e absolutamente necessários para alguém. Principalmente, a ideia de "ser necessário" para alguém, estimula a autoestima, afastando pensamentos e emoções de inutilidade, que levam à depressão.

Nos lares com animais de estimação, há uma troca de afetividade permanente, uma vez que eles são claramente verdadeiros na expressão de seus sentimentos.

Enquanto os humanos podem dissimular os sentimentos, os animais, especialmente os cães, são claros na manifestação de seu amor incondicional.

Animais são inocentes e puros, e mesmo que sejam fonte de muito amor, não devemos esquecer que essa relação tem que ser benéfica a eles também. Não devemos transformá-los em muletas psicológicas que só nos servem quando não temos algum humano por perto. Para o cão que fica o dia inteiro esperando seu tutor para passear na rua, esses momentos de passeio são os mais importantes no seu dia. Quando chegamos e nos negamos a sair com ele por termos "algo mais importante a fazer", causamos traumas psicológicos imensos em seus sentimentos.

Em um relacionamento, tudo tem de ser bom para os dois participantes. Os animais são grandes amigos e membros da família, que agregam muita alegria e afetividade, mas também têm suas necessidades afetivas, psicológicas e físicas.

Leve seu tutelado ou tutelada ao veterinário, dê-lhe água e comida de boa qualidade e, finalmente, atenção e amor; e você terá um(a) amigo(a) de valor inestimável!

Um lar feliz é um lar com animais, respeito e amor! Adote um amigo!

Ante o desencarne de nosso irmão animal
Madalena P. Duarte

Normalmente, ao adotarmos um animal doméstico, nós o fazemos com muita alegria e entusiasmo, permanecendo muito longe de nós a preocupação com os anos vindouros.

Nós o levamos para nossa casa, providenciamos local adequado, casinha bonita, acessórios e brinquedos, manta (ou mantinha) e roupas (ou roupinhas) para o inverno, alimentação adequada e de boa qualidade, vacinação contra as principais doenças, idas periódicas ao médico-veterinário etc.

Em nenhum momento nos passa pela cabeça que um dia esse nosso irmão menor animal terá de nos deixar ("fazer a transição"), em cumprimento às leis de Deus...

E lá vamos nós, durante meses ou anos, usufruindo um convívio agradável, divertido, afetuoso, generoso, fiel. Maravilhoso mesmo, muitas vezes.

E, então, facilmente ele se torna um membro importante de nossa família. Estabelece-se uma gostosa troca de afeto entre nós.

Qual se fosse um ser humano, nosso tutelado permanece ao nosso lado, participando de nossa vida "na alegria e na tristeza, na saúde e na doença..."

Mas, de repente, chega o momento em que, devido a doença grave, acidente ou por finitude natural, o fluido vital que prende seu corpo físico ao seu espírito animal se esgota, qual uma vela que se apaga...

Nessa hora, ainda que com o coração em frangalhos, torna-se importante juntarmos nossas forças interiores e o conhecimento que encontramos na doutrina espírita, de que essa criatura que conquistou nossa atenção, nosso respeito e nosso amor não morreu. Apenas "voltou" à pátria espiritual. E lá foi acolhida com grande cuidado e afeto por espíritos zoófilos. Em breve, refeita, retomará sua trajetória evolutiva em novo corpo físico, adequado ao seu nível evolutivo. Prosseguirá em sua jornada, conquistando novos patamares no campo da evolução do ser.

Assim como nós, nossos animais não morrem. O espírito Emmanuel nos assegura:

> De milênios remotos viemos todos nós, em pesados avatares. Da noite dos grandes princípios, ainda insondável para nós, emergimos para o concerto da vida. A origem constitui, para o nosso relativo entendimento, um profundo mistério, cuja solução ainda não nos foi possível atingir, mas sabemos *que todos os seres inferiores e superiores participam do patrimônio da luz universal.*[103] (grifos nossos)

Para ilustrar esse delicado tema, reproduzo uma tocante matéria relacionada ao desencarne de um animalzinho querido, publicada anos atrás no portal do jornal britânico *The Daily Mail*:

> Carta de uma menina a Deus após a morte de sua cachorrinha
>
> "Querido Deus, você poderia tomar conta de minha cachorrinha?"
>
> Quando a cadelinha de 14 anos *Abbey* morreu, em agosto de 2006, a menina Meredith decidiu escrever uma carta a Deus, pedindo que Ele recebesse bem o animal e que cuidasse dele no céu.
>
> Com apenas 4 anos, a menina teve a ajuda da mãe para escrever a carta, que dizia:
>
> *Você poderia tomar conta de minha cadelinha? Ela morreu ontem e está com você no céu. Eu sinto muito sua falta. Estou feliz que tenha me deixado ter ela como animal de estimação, mesmo quando ela esteve doente. Eu espero que você possa brincar com ela. Ela gosta de brincar com bolas e de nadar. Estou mandando uma foto dela para que você a possa reconhecer, assim saberá que é a minha cadelinha. Eu realmente sinto sua falta.*
>
> *Meredith*

---

103 EMMANUEL (Espírito). *Emmanuel*. [Psicografado por] Francisco Cândido Xavier. 28. ed. Rio de Janeiro: FEB, 2014, cap. 17.

Mãe e filha foram juntas aos Correios para enviar a carta. Duas semanas depois de postar a foto, a surpresa: a menina recebeu uma resposta. Na embalagem, o remetente:

Deus e um de seus mais especiais anjos.

Dentro da embalagem havia um livro, intitulado *Quando um animal de estimação morre* (tradução livre), de Fred Rogers. Junto com o presente havia uma carta, dizendo para a menina que seu animal havia chegado bem ao céu e que ver a foto ajudou muito a reconhecê-lo.

Obrigado por sua linda carta, e agradeça à sua mãe por tê-la ajudado a escrevê-la e enviá-la a mim. Que mãe maravilhosa você tem! Eu a escolhi especialmente para você. Eu envio minhas bênçãos todos os dias, e lembre-se que amo muito vocês. A propósito, sou fácil de encontrar: estou em todos os lugares em que exista amor.

Com amor, Deus.

Os pais, Joy e Greg, ficaram emocionados com a resposta. Meredith ficou muito feliz com a resposta, mas não demonstrou estar surpresa. O fato aconteceu em 2006 e pouco depois a mãe pôde se encontrar com esse 'anjo' que respondera à carta — um carteiro que não foi identificado pela família.[104]

---

104 Fonte: <http://www.paisefilhos.com.br/editorial/uma-carta-do-ceu>. Acesso em: 7 nov. 2013.

Fidelidade além da morte
Ana Carolina Castello Branco Spada

Na mídia, são frequentes os relatos sobre o comportamento de animais, especialmente cães e gatos, ante a morte de seus tutores. Muito comumente nos emocionamos diante dessas histórias, como no caso de Hachiko — filhote canino da raça Akita, que teve sua experiência retratada no filme "Sempre ao seu lado", dirigido por Lars Sven Hallström e protagonizado pelo ator Richard Gere, artista ligado a causas relacionadas à paz, aos direitos humanos e aos direitos animais.

No início da situação pandêmica[105], em 2020, os meios de comunicação destacaram mais uma dessas histórias emocionantes.

Trata-se de um cão que ficou aguardando seu tutor em um hospital na China, durante muitos dias. O homem havia desencarnado por complicações da Covid-19, após cinco dias de internação em Wuhan. Sem raça definida e com, aparentemente, sete anos, o cãozinho insistia em permanecer no saguão do Hospital Wuhan Taikang.

Certo dia, diante do excesso de reclamações de algumas pessoas — incomodadas com a presença do animal — uma mulher, proprietária de uma loja de conveniência, decidiu abrigá-lo temporariamente. Ela retirou o cachorro e, mesmo que o estivesse alimentando e abrigando, o pobre animal insistia em voltar ao hospital, evidenciando, assim, que ainda mantinha a esperança de reencontrar seu tutor desencarnado.

Sabendo que esse reencontro não aconteceria e ciente dos contratempos que sua presença estava causando ao hos-

---

105 Pandemia desencadeada pela COVID-19 — grave doença infecciosa causada pelo novo coronavírus, identificado pela primeira vez em dezembro de 2019, em Wuhan, na China. Disponível em: <https://www.paho.org/pt/covid19>.

pital, uma ONG de proteção a pequenos animais decidiu acolher o cãozinho enlutado, a fim de encontrar uma nova família que pudesse acolhê-lo com respeito e afeto.

Esse fato destaca, uma vez mais, o incrível (e comovente) comportamento de que é capaz um cão movido pelo grande sentimento de fidelidade existente em seu psiquismo animal.

O magnetismo (precursor do passe espírita)
(Excertos)

[Magnetismo — palavra com origem em Magnésia, cidade da Ásia Menor (atual Turquia), na qual existia um minério chamado magnetite — pedra-ímã ou pedra magnética, com a propriedade de atrair objetos ferrosos].

Para Emmanuel,

> O magnetismo é um fenômeno da vida, por constituir manifestação natural em todos os seres. Se a ciência do mundo já atingiu o campo de equações notáveis nas experiências relativas ao assunto, provando a generalidade e a delicadeza dos fenômenos magnéticos, deveis compreender que as exteriorizações dessa natureza, nas relações entre os dois mundos, são sempre mais elevadas e sutis, em virtude de serem, aí, uma expressão de vida superior.[106]

Allan Kardec, em *Instruções Práticas sobre as Manifestações Espíritas*, afirma que:

> [...] A vontade desenvolve o fluido, seja animal, seja espiritual, porque, como sabeis agora, há vários gêneros de magnetismo, em cujo número estão o magnetismo animal e o magnetismo espiritual que, conforme a ocorrência, pode pedir apoio ao primeiro. Um outro gênero de magnetismo, muito mais poderoso ainda, é a prece que uma alma pura e desinteressada dirige a Deus.[107]
>
> [...]
>
> O Espiritismo liga-se ao magnetismo por laços íntimos,

---

106 EMMANUEL (Espírito). *O consolador*. [Psicografado por] Francisco Cândido Xavier. 29. ed. Rio de Janeiro: FEB, 2017, p. 34.
107 KARDEC, Allan. *Instruções práticas sobre as manifestações espíritas*. Matão: O Clarim, 1858, p. 148.

considerando-se que essas duas ciências são solidárias entre si. Os espíritos sempre preconizam o magnetismo, quer como meio de cura, quer como causa primeira de uma porção de coisas; defendem a sua causa e vêm prestar-lhe apoio contra os seus inimigos. Os fenômenos espíritas têm aberto os olhos de muitas pessoas, que, ao mesmo tempo, aderem ao magnetismo. Tudo prova, no rápido desenvolvimento do Espiritismo, que logo ele terá direito de cidadania. Enquanto espera, aplaude com todas as suas forças a posição que acaba de conquistar o Magnetismo, como um sinal incontestável do progresso das ideias.[108]

[...]

O Magnetismo preparou o caminho do Espiritismo, e o rápido progresso desta última doutrina se deve, incontestavelmente, à vulgarização das ideias sobre a primeira. Dos fenômenos magnéticos, do sonambulismo e do êxtase às manifestações espíritas não há mais que um passo; tal é a sua conexão que, por assim dizer, torna-se impossível falar de um sem falar do outro. Se tivéssemos que ficar fora da ciência magnética, nosso quadro seria incompleto e poderíamos ser comparados a um professor de física que se abstivesse de falar da luz. Todavia, como entre nós o magnetismo já possui órgãos especiais justamente acreditados, seria supérfluo insistirmos sobre um assunto que é tratado com tanta superioridade de talento e de experiência; a ele, pois, não nos referiremos senão acessoriamente, mas de maneira suficiente para mostrar as relações íntimas entre essas duas ciências que, a bem da verdade, não passam de uma.[109] [110]

---

108 KARDEC, op. cit., p. 421.
109 KARDEC, Allan. *Revista Espírita*, ano 1, 1858, p. 149.
110 No Espiritismo, pratica-se o passe espírita (magnetismo espiritual ou humano-espiritual). Naturalmente, pode-se encontrar, na literatura, extenso material de estudo, tanto do magnetismo em si, seu histórico e propriedades, quanto do chamado "passe espírita". [Nota da organizadora]

O passe espírita (magnetismo espiritual)
(Excertos)

O que é o passe? Transfusão de energias psíquicas e espirituais de um ser para outro. Segundo Emmanuel, "transfusão de energias fisiopsíquicas".

Allan Kardec: magnetismo animal: "Ação recíproca de dois seres vivos por intermédio de um agente especial chamado fluido magnético".[111]

André Luiz (Espírito): "O passe, como gênero de auxílio, invariavelmente aplicável sem qualquer contraindicação, é sempre valioso no tratamento devido aos enfermos de toda classe."[112]

Joanna de Ângelis (Espírito)[113]:

> Quando nos identificamos com o pensamento do Cristo e nos impregnamos da mensagem de que Ele se fez Messias, sempre temos algo que dar em Seu nome, àqueles que se nos cercam em aflição.
>
> Dentre os recursos valiosos de que podemos dispor em benefício do nosso próximo, destaca-se a imposição das mãos em socorro da saúde alquebrada ou das forças enfraquecidas. A recuperação de pacientes, portadores de diversas enfermidades, estava incluída na pauta de tarefas libertadoras de Jesus.
>
> [...]
>
> Tal concurso, propiciado pela caridade fraternal, não só beneficia os padecentes em provas e expiações redentoras, como ajuda àqueles que se aprestam ao la-

111 KARDEC, Allan. *Instruções práticas sobre as manifestações espíritas*. Matão: O Clarim, 1858.
112 LUIZ, André (Espírito). *Mecanismos da mediunidade*. [Psicografado por] Francisco Cândido Xavier e Waldo Vieira. Rio de Janeiro: FEB, 2014, p. 142.
113 Mensagem psicografada pelo médium Divaldo Pereira Franco no dia 2 de abril de 1983, em Bucaramanga, Colômbia.

bor, em razão de estes filtrarem as energias benéficas que promanam da Espiritualidade através dos mentores desencarnados e que são canalizadas na direção daqueles necessitados.

[...]

Ninguém se prenda, nesse ministério, a fórmulas sacramentais ou a formas estereotipadas, que distraem a mente que se deve fixar no objetivo do bem e não na maneira de expressá-lo.

Toda técnica é valiosa, quando a essência superior é preservada. Assim, distende o passe socorrista com atitude mental enobrecida, procurando amparar o irmão agoniado que te pede socorro.

Não procures motivos para escusar-te.

Abre-te ao amor e o amor te atenderá, embora reconheças as próprias limitações e dificuldades em cujo campo te movimentas.

Faze, portanto, a "imposição das mãos", com o amor e a "fé que remove montanhas", em benefício do teu próximo, conforme gostarás que ele faça contigo, quando for a tua vez de necessidade.

Passe espírita em animais
(objeções e justificativas)[114]
Eurípedes Kühl

Passe em animais? Sim!

Ouçamos, de início, o espírito André Luiz, em *Conduta Espírita*[115]: "No socorro aos animais doentes, usar os recursos terapêuticos possíveis, sem desprezar mesmo aqueles de natureza mediúnica que aplique a seu favor. A luz do bem deve fulgir em todos os planos".

Certa vez, respondendo a um questionário sobre animais, com perguntas formuladas pela revista espírita *Espiritismo & Ciência*, deparei-me com a seguinte pergunta, cuja resposta transcrevo:

> P. — Na sua opinião, haveria tratamentos de cura para as doenças de animais que poderiam ser facilmente tratadas com o uso da terapêutica espírita?
>
> R. — A existência da medicina terrena, tanto para homens como para animais (a veterinária) é uma bênção da Divina Providência. Seus avanços fluem dos planos superiores, inspirando e intuindo pesquisadores dedicados, que cada vez mais vão produzindo novos fármacos e aprimorando procedimentos de cura. No entanto, friso que, quanto à terapêutica espírita, caracterizada pela caridade aos animais pela doação de nossas energias anímicas, revitalizadoras ou curativas (através de preces ou passes), na minha opinião não tem nenhuma contraindicação. Muito pelo contrário: é altamente recomendável, eis que se trata de um ato de amor. E o amor é tudo!

---

114 *O Imortal* – Jornal de Divulgação Espírita, n° 708, fev. 2013. Fonte: <https://www.yumpu.com/pt/document/read/12976554/o-imortal-o-consolador>. Acesso em: 19 mar. 2014.

115 LUIZ, André (Espírito). *Conduta espírita*. [Psicografado por] Waldo Vieira. Rio de Janeiro: FEB, 1960, p. 44.

Precedendo a prece n. 78, em *O Evangelho Segundo o Espiritismo*[116], é o próprio Kardec que recomenda ao doente o dever de procurar os meios de cura (a fluidoterapia, denominada por ele de "magnetismo", e a Medicina).

Recentemente, Divaldo Franco, perguntado sobre as curas espirituais, declarou: "Para os males do Espírito, o Centro Espírita, e para os males do corpo, o hospital".

Por essas reflexões, depreendo que, no caso dos animais doentes (que também possuem alma, conquanto inferior à do homem[117]), aos seus donos compete o dever caridoso de proporcionar-lhes amparo veterinário, e, se for o caso, dentro de suas convicções, simultaneamente, apoio pelo passe.

Em *O Livro dos Médiuns*, o espírito Erasto discorre longamente sobre a impossibilidade de mediunidade nos animais, tendo em vista que não há fluidos similares entre os homens e os animais. A seguir, registra um caso em que

> O Sr. T..., diz-se, magnetizou o seu cão. A que resultado chegou? Matou-o, porquanto o infeliz animal morreu, depois de haver caído numa espécie de atonia, de langor, consequentes à sua magnetização. Com efeito, saturando-o de um fluido haurido numa essência superior à essência especial da sua natureza de cão, ele o esmagou, agindo sobre o animal, à semelhança de um raio, ainda que mais lentamente.[118]

Jacob L. Melo, em seu livro *O Passe*[119], distingue "magnetismo" de "passe espírita", concluindo que às plantas e aos animais somente o magnetismo puramente físico (veiculado através do passe magnético) pode ser transmitido. Citando Kardec e outros estudiosos espíritas, opina que:

— Magnetismo = animismo humano.

— Passe espírita = de perispírito a perispírito, porque, no caso dos animais, seu envoltório fluídico não suportaria os fluidos espirituais de "essência superior".

Apoiado em Erasto, Jacob conclui que o passe espírita

---

116 KARDEC, Allan. *O evangelho segundo o espiritismo*. 131. ed. Brasília: FEB, 2013.
117 Ver questões 597 a 600 em: KARDEC, Allan. *O livro dos espíritos*: filosofia espiritualista. 93. ed. Brasília: FEB, 2013.
118 KARDEC, Allan. *O livro dos médiuns, ou, guia dos médiuns e dos evocadores*: espiritismo experimental. 49. ed. Brasília: FEB, 2013, p. 255-6.
119 MELO, Jacob. *O passe*: seu estudo, suas técnicas, sua prática. Brasília: FEB, 1992.

fulminaria o animal doente.

A inolvidável Yvonne A. Pereira, em sua obra *Devassando o Invisível*[120], discorrendo sobre a psicometria (faculdade mediúnica de descrever acontecimentos em torno de uma criatura, em contato direto com um objeto a ela pertencente), narra que, em desprendimento parcial, quando ainda encarnada, como espírito "visitou" animais:

> Durante o desprendimento parcial, sob ação dos nossos mentores espirituais, temos tido ocasião de "visitar" (não encontramos termos apropriados para esclarecer o que então se passa) animais como o boi, o cavalo, o cão e o gato. Verificamos que o fluido magnético, o elemento etéreo em que se acham eles mergulhados, como seres vivos que são, são os mesmos que penetram os homens, onde estes se agitam. Daí essa correspondência vibratória, que faz o ser espiritual do homem compreender o ser do animal, senti-lo, assim como aos demais reinos da Natureza... [...] a impressão que guardamos das quatro espécies citadas foi profunda e enternecedora, como de semelhantes nossos. Desses exames, o menos agradável às nossas recordações foi o do gato, cujas vibrações traduziam, ao nosso entendimento psíquico, "sentimentos" bem mais inferiores do que os outros.

Por oportuno, relembro a questão n. 66, de *O Livro dos Espíritos*:

> P. – O princípio vital é o mesmo para todos os seres orgânicos?
> R. – Sim, modificado segundo as espécies.

Agora, pergunto eu: — Quem modifica o princípio vital?

Reflito, em resposta, que, no caso de passes em animais (e em plantas), é possível que a "doação socorrista" mediúnica humana seja submetida, por protetores espirituais especializados, a processos de compatibilização fluídica, para a devida assimilação do necessitado — animal ou vegetal.

Pelos itens expostos, a questão dos passes em animais apresenta aparente desencontro entre as reflexões de Erasto,

---

120 PEREIRA, Yvonne A. *Devassando o invisível.* Brasília: FEB, 1963. Cap. VIII, p. 123.

André Luiz e Yvonne A. Pereira, ou seja:

— Erasto afirma que o passe no animal o fulminaria, pela diferença fluídica.

— Yvonne Pereira verificou a correspondência vibratória de homens e animais, tendo em vista o fluido magnético — o elemento etéreo — que em ambos penetra.

— André Luiz proclama que os recursos terapêuticos e os de natureza mediúnica para animais doentes são um ato de amor.

Ainda uma vez seria prematuro radicalizar a questão, sendo plano que constitui atitude cristã socorrer plantas, animais ou criaturas humanas, quando necessitados, com os recursos possíveis — materiais e espirituais.

Diante do impasse, socorreu-me o saudoso professor José Herculano Pires (1914-1979), dirimindo o citado desencontro em sua obra *Mediunidade:Vida e Comunicação*[121], cujas reflexões são cristalinas:

> [...] em nossos dias, contrabalançando a estultícia da pretensa mediunidade zoológica, começa a alvorecer no campo mediúnico um tipo de mediunidade para o qual apenas alguns espíritas se voltam esperançosos. O Prof. Humberto Mariotti, filósofo espírita argentino já bastante conhecido no Brasil por suas obras e suas conferências, é um zoófilo apaixonado. Em sua última viagem a São Paulo, trocamos ideias e informações a respeito do que podemos chamar de Mediunidade Veterinária. Não podemos elevar os animais à condição superior de médiuns, mas podemos conceder-lhes os benefícios da mediunidade. Mariotti possuía, como possuímos, episódios tocantes de sua vivência pessoal nesse terreno. A assistência mediúnica aos animais é possível e grandemente proveitosa. O animal doente pode ser socorrido por passes e preces e até mesmo com os recursos da água fluidificada. Os médiuns veterinários, médiuns que se especializassem no tratamento de animais, ajudariam a Humanidade a livrar-se das pesadas consequências de sua voracidade carnívora. Kardec se refere, em *O Livro dos Médiuns*, a tentati-

---

121 PIRES, José Herculano. *Mediunidade: vida e comunicação*. 6. ed. São Paulo: EDICEL, 1986, pp. 51-52.

vas de magnetizadores, na França, de magnetizar animais e desaconselha essa prática em vista dos motivos contra a mediunidade animal. Entende mesmo que a transmissão de fluidos vitais humanos para o animal é perigosa, em virtude do grande desnível evolutivo entre as duas espécies. Mas na Mediunidade Veterinária, a situação se modifica. O reino animal é protegido e orientado por Espíritos humanos que foram zoófilos na Terra, segundo numerosas informações mediúnicas. O médium veterinário, como o médium humano, não transmite os seus fluidos no passe por sua própria conta, mas servindo de meio de transmissão aos Espíritos protetores. A situação mediúnica é assim muito diferente da situação magnética ou hipnótica. Ao socorrer o animal doente, o médium dirige a sua prece aos planos superiores, suplicando assistência dos Espíritos protetores do reino animal e pondo-se à disposição destes. Aplica o passe com o pensamento voltado para Deus ou para Jesus, o Criador e o responsável pela vida animal na Terra. Fluidifica a água da mesma maneira, confiante na assistência divina. Não se trata de uma teoria ou técnica inventada por nós, mas naturalmente nascida do amor dos zoófilos e já contando com numerosas experiências no meio espírita.

Não incorrendo em omissão, registro que, desde criança (nasci em 1934), convivi com animais domésticos e assisti espíritas bondosos a aplicarem passes em animais doentes, na maioria dos casos prosperando a recuperação dos pacientes.

Outrossim, de minha parte, também bastas vezes tenho dispensado passes a animais doentes e, graças a Deus, nenhum deles veio por isso a falecer fulminado. Nessas ocasiões, imploro aos espíritos protetores a cura da doença e, quando isso ocorre, não saberia, sinceramente, afirmar se foi apenas por animismo. Em 99,99% dos casos, imagino que não: o mérito é deles!

Depreendo que, quando um médium aplica passe em animais carentes, amigos do plano maior, zoófilos, encarregam-se de modificar o fluido humano em fluido consentâneo com a espécie animal atendida, acrescentando os da natureza, além dos deles próprios.

Por oportuno, encerro relembrando que Francisco de Assis, considerado "Padrinho dos Animais", no século XII, já concedia bênção aos animais, desde os primórdios de sua alcandorada missão naquela existência terrena.

Como tradição, até hoje as igrejas católicas devotadas especialmente àquele santo igualmente concedem bênçãos aos animais no dia 4 de outubro de cada ano.

Como espírita, considero que tal procedimento caracteriza um ato benfazejo aos animais, diferente do atendimento médico-veterinário. A bênção do padre, a meu ver, de alguma forma tem a mesma intenção caridosa do passe ministrado por médiuns zoófilos a nossos irmãos menores, sempre que se depararem com um deles em estado de necessidade.

O passe espírita em animais
Irmão Gilberto

O passe dado nos seres humanos difere do passe dado nos animais, devido às energias que cada corpo espiritual possui; o passe em animais tem características especificas, pois é necessária uma sintonia com os irmãos espirituais que se utilizam dos médiuns passistas para sincronizar os centros vitais dos irmãos menores animais.

> Os animais compõem a paisagem terrestre, atravessando um estágio evolutivo significativo e, além de prestar serviços ao homem, colaborando no aprimoramento de nossa escola psíquica, são originários da criação divina.
> Os passes transmitem a eles os benefícios que também a nós proporcionam.
> [...] Espíritos unidos à obra da Natureza fornecerão os recursos indispensáveis, e o passista, ainda aí, será medianeiro das energias renovadoras, um tarefeiro da Providência Divina, que supervisiona, com a nossa colaboração, os que conosco formam no ciclo evolutivo de nossa Humanidade.[122] (grifos nossos)

O passe humano aceleraria o desencarne, devido ao magnetismo existente. É bem verdade que ouvimos relatos de irmãos que já fizeram o passe e que houve o restabelecimento; nossos benfeitores espirituais elucidam que, nesses casos, pela compaixão do tutor pelo tutelado, "movem-se montanhas" e, dessa forma, eles promovem a sintonia, interpondo suas mãos às mãos do tutor e revitalizando, assim, o irmão menor animal — é a misericórdia divina.

Para a transmutação das energias magnéticas do médium

---

122 JACINTHO, Roque. *Passe e passista*, São Paulo: Luz no Lar, 1990, p. 40.

passista em energias mais sutis, compatíveis com a dos irmãos menores animais, sugere-se uma oração, por exemplo: "Que a luz divina nos envolva, transformando nossa energia magnética em energia fluídica".

No caso de passe em animais a distância, recomenda-se aos médiuns passistas um momento de meditação e prece semelhante a esta:

Pedimos que sejam cortadas todas as ligações negativas. Vamos recebendo muita luz do plano espiritual, luz imantada de paz, amor e compreensão, e neste momento Jesus nos convida à renovação de nossos sentimentos através do perdão e esquecimento de mágoas e ofensas.

Rogamos aos espíritos benfeitores que possam ir à natureza e recolher dela todas as substâncias positivas para trazer ao tutor e ao tutelado o fortalecimento do corpo e do espírito.

Neste instante, rogamos a Jesus enviar seus mensageiros até o lar dos tutores e tutelados, envolvendo-os com muita luz e amor.

Que assim seja, graças a Deus!

Passes e Chico Xavier[1]
Carlos A. Baccelli

Foi o próprio Chico que contou o que se segue.

A sua casa era frequentada por um gato selvagem que não deixava ninguém se aproximar...

Todos os dias, o Chico colocava num pires alguma alimentação para ele.

Numa noite, quando retornava de uma das reuniões, um amigo avisou que o gato estava morrendo estendido no quintal. Babava muito, mas ainda mantinha a cabeça firme em atitude de defesa contra quem se aproximasse.

O Chico ficou bastante penalizado, pensando que ele poderia estar envenenado.

O amigo explicou que, horas antes, o vira brincando com uma aranha e que, provavelmente, ele a engolira. E sugeriu que o Chico transmitisse um passe no felino...

O gato, apesar de agonizante, estava agressivo. Ficando à meia distância, o nosso querido amigo começou a conversar com ele...

– Olhe – falou o Chico – você está morrendo. O nosso amigo pediu um passe e eu, com a permissão de Jesus, vou transmitir... Mas você tem que colaborar, pois está muito doente...Em nome de Jesus, você fique calmo e abaixe a cabeça, porque, quando a gente

---

1 BACCELLI, Carlos A., XAVIER, Francisco Cândido. Chico Xavier: *Mediunidade e Coração*. São Paulo: Editora Ideal, 1987.

fala no nome do Senhor, é preciso muito respeito...

O gato teve, então, uma reação surpreendente. Esticando-se todo no chão, permaneceu quieto até que o Chico terminasse o passe...

Depois, tomando-o no colo, esse admirável medianeiro do Senhor pediu que se trouxesse leite e, com um conta-gotas, colocou o alimento na sua boca...

O gato tornou-se um grande amigo e ganhou até nome!

Outros recursos no trabalho de assistência espiritual aos irmãos menores animais
(experiência prática)

I — Água fluidificada
Emmanuel/Chico Xavier[123]

A água é dos corpos mais simples e receptivos da Terra. É como que a base pura em que a medicação do Céu pode ser impressa através de recursos substanciais de assistência ao corpo e à alma, embora em processo invisível aos olhos mortais.

A prece intercessória e o pensamento de bondade representam irradiações de nossas melhores energias.

A criatura que ora ou medita exterioriza poderes, emanações e fluidos, que, por enquanto, escapam à análise da inteligência vulgar, e a linfa potável recebe-nos a influenciação de modo claro, condensando linhas de força magnética e princípios elétricos, que aliviam e sustentam, ajudam e curam.

A fonte que procede do coração da Terra e a rogativa que flui do imo d'alma, quando se unem na difusão do bem, operam milagres.

O espírito que se eleva na direção do Céu é antena viva, captando potenciais de natureza superior, podendo distribuí-los a benefício de todos os que lhe seguem a marcha.

Ninguém existe órfão de semelhante amparo.

Para auxiliar a outrem e a si mesmo, bastam a boa vontade e a confiança positiva.

Reconheçamos, pois, que o Mestre, quando se referiu à água simples, doada em nome de sua memória, reportava-se

---

123 EMMANUEL (Espírito). *Segue-me!...* [Psicografado por] Francisco Cândido Xavier. Matão: O Clarim, 1992.

ao valor real da providência, a benefício da carne e do espírito, sempre que estacionem através de zonas enfermiças.

Se desejas, portanto, o concurso dos amigos espirituais na solução de tuas necessidades físico-psíquicas ou nos problemas de saúde e equilíbrio dos companheiros, coloca o teu recipiente de água cristalina à frente de tuas orações, espera e confia. O orvalho do plano divino magnetizará o líquido com raios de amor em forma de bênçãos, e estarás, então, consagrando o sublime ensinamento do copo de água pura abençoada nos Céus.

II — Água irradiada
Simone Nardi

Ainda existe certa resistência quando se fala em passes para animais ou irradiação da água para esses irmãos, mas tudo é simples quando visto à luz da própria doutrina espírita. Porém, a dúvida sempre persiste: água fluidificada ou água irradiada?

A resposta também é simples: para seres humanos, água fluidificada; para animais, água irradiada. Mas há diferença? Sim, e muita.

Iniciemos com uma importante frase de Bezerra de Menezes, do livro *Loucura e Obsessão*[124]: "A água, em face da constituição molecular, é elemento que absorve e conduz a bioenergia que lhe é ministrada".

Ou seja, a fluidificação da água é aquela em que fluidos vitais necessários à cura do espírito são colocados e agem como medicamentos no corpo astral, já que nos seres humanos, devido à Lei de Causa e Efeito, a doença se inicia no espírito e, posteriormente, surge no corpo físico. Nos animais, o processo da doença não é o mesmo; ela se situa no corpo físico. Na maioria das vezes, as doenças surgem mais por culpa, se podemos assim dizer, do tutor do que propriamente pela necessidade do tutelado, pois que os animais não estão sujeitos à Lei de Causa e Efeito; portanto, é necessário que a água aja não no corpo espiritual, e sim no corpo material, que

124 MIRANDA, Manoel Philomeno de. (Espírito). *Loucura e obsessão*. [Psicografado por] Divaldo Pereira Franco. Brasília: FEB, 1988.

absorve o magnetismo negativo que muitas vezes provém dos tutores. Por isso, a necessidade de se atentar para a grande responsabilidade que os tutores têm por seus tutelados.

Nos dois casos, o processo de mudança ocorre através da prece e do auxílio dos benfeitores espirituais, tanto para irradiá-la quanto para fluidificá-la. Assim, diferentemente da água fluidificada, na qual os fluidos medicamentosos agem no espírito, a água irradiada é, em suas moléculas, acrescida de componentes magnéticos mais materiais, que irão criar uma condição diferente para a melhora da saúde física dos animais, já que, tal como ocorre no passe, muito embora a matéria desses irmãos assemelhe-se à nossa, a energia que os reveste, bem como suas necessidades materiais e espirituais são diferentes das dos seres humanos; mas ambas possuem a mesma finalidade, a qual foi bem definida por André Luiz, quando se refere à cura : "[...] precioso esforço de medicação pode ser levado a efeito. Há lesões e deficiências no veículo espiritual a se estamparem no corpo físico, que somente a intervenção magnética consegue aliviar, até que os interessados se disponham à própria cura"[125].

No caso dos animais, em que a doença existe no corpo material, esses componentes da água irradiada irão criar uma aglutinação nas células desses irmãos, fortalecendo-as, assim como a seus órgãos afetados, possibilitando que o tratamento recebido pelos veterinários da Terra surta um efeito mais positivo, pois a irradiação da água vem para unificar esses tratamentos e harmonizar o sistema nervoso central de nossos irmãos.

Ao contrário da água fluidificada, à qual sempre se pode adicionar mais água e o efeito será o mesmo, a adição de mais água, no caso da irradiada, não permitirá que o mesmo efeito ocorra, exatamente por se tratar mais da parte material que espiritual; assim, a adição de água acaba por enfraquecer, diminuindo a quantidade de componentes que iriam agir na matéria.

Uma questão que pode surgir ainda é: pode-se irradiar a água em casa ou em clínicas veterinárias para fortalecer,

---

125 LUIZ, André (Espírito). *Nos domínios da mediunidade*. [Psicografado por] Francisco Cândido Xavier. 30. ed. Rio de Janeiro: FEB, 2011, p. 58.

assim, o campo magnético do animal assistido? Sim, tal como é possível fluidificar a água durante o Evangelho no Lar, é possível também irradiar a água que será ministrada aos irmãos menores animais; basta, para isso, a utilização de um recurso simples — o recurso da prece e da comunhão de pensamentos com os irmãos zoófilos que irão transformar nosso magnetismo, tal como no passe, para a energia necessária a esses irmãos. A água é um recurso necessário tanto para os animais humanos quanto para os animais não humanos, assim como diz Allan Kardec ao se referir à água, em seu livro *A Gênese*:

> [...] É assim que as mais insignificantes substâncias, como a água, por exemplo, podem adquirir qualidades poderosas e efetivas, sob a ação do fluido espiritual ou magnético, ao qual elas servem de veículo, ou, se quiserem, de reservatório.[126]

Sendo assim, a irradiação da água para os irmãos menores animais, bem como a fluidificação da água para os seres humanos (ou animais humanos), serve como veículo, ou ainda, como afirma o próprio Kardec, "como reservatório de poderosos componentes que irão agir no organismo de cada um", transformando-se em poderoso recurso para as necessidades e os desequilíbrios que causamos a nossos pequenos irmãos.

> [...] Recebei como obrigação sagrada o dever de amparar os animais na escala progressiva de suas posições variadas no planeta. Estendei até eles a vossa concepção de solidariedade e o vosso coração compreenderá, mais profundamente, os grandes segredos da evolução, entendendo os maravilhosos e doces mistérios da vida.[127]

---

126 KARDEC, Allan. *A gênese*: os milagres e as predições segundo o espiritismo. 53. ed. Brasília: FEB, 2013, p. 288.
127 EMMANUEL (Espírito). *Emmanuel*. [Psicografado por] Francisco Cândido Xavier. 28. ed. Rio de Janeiro: FEB, 2014, p. 107.

A progressividade do espiritismo e seu diálogo com a Ciência
(A busca do conhecimento humano é uma marcha que não se controla)
Manoel Fernandes Neto

Recentemente, uma revista científica publicou pesquisa sobre a qualidade do sono de cães.[128] Na experiência, foram utilizados 16 cachorros divididos em dois grupos. Em cada grupo, eles foram submetidos a simulações de acontecimentos bons e ruins. Após um período, foram colocados em descanso e pôde-se constatar que a qualidade do sono dos animais estaria diretamente relacionada aos acontecimentos. A experiência demonstrou que os nossos *pets* podem, sim, ter algum tipo de preocupação com os chamados "problemas do dia".

Outro estudo recente[129] demonstrou que os nossos queridos amigos caninos podem se comunicar por meio do posicionamento das sobrancelhas. Sim, está provado: a evolução desenvolveu um músculo que lhes permite mexer as sobrancelhas e fazer aquele olhar "pidão", infantil, bem parecido com um olhar de tristeza, algo não encontrado no ancestral lobo.

Atualmente, essas pesquisas com animais domésticos se multiplicam nesta Terra de "provas e expiações". É a progressividade da ciência, que jamais ficará estática. Longe de chegar a alguma conclusão, as pesquisas trazem ainda mais

128 VIGGIANO, Giuliana. Antes de dormir, seu cachorro também fica "preocupado" com os problemas do dia. In: *Galileu*, São Paulo, 18 jun. 2019. Coluna Ciência. Disponível em: <revistagalileu.globo.com/amp/Ciencia/noticia/2019/06/antes-de-dormir-seu-cachorro-tambem-fica-preocupado-com-os-problemas-do-dia.html>. Acesso em: 29 fev. 2021.

129 GALILEU. Olhar "pidão" dos cachorros é resultado da evolução, diz estudo. In: Galileu, São Paulo, 18 jun. 2019. Coluna Ciência. Disponível em: <https://revistagalileu.globo.com/Ciencia/noticia/2019/06/olhar-pidao-dos-cachorros-e-resultado-da-evolucao-diz-estudo.html>. Acesso em: 29 fev. 2021.

indagações em relação à vida dos nossos chamados "irmãos menores". Além disso, nos trazem um alívio de que entramos em uma nova era de pesquisas, que faz frente em relação à indústria das cobaias, flagelo que está cada vez mais sendo descartado em virtude de uma nova consciência.

Em 2005, em uma reportagem da antiga revista *Universo Espírita*[130], o escritor espírita Paulo Henrique Figueiredo, então editor, já alertava sobre a adoção de uma área de estudo interdisciplinar da ciência, surgida nos anos de 1970, mas cada vez mais utilizada em relação aos animais: a bioética.

Ele destaca:

> Tem muita gente indignada com os cientistas que utilizam animais em testes de laboratório, de remédios ou de maquiagem como se fossem objetos descartáveis. Eles usam cães, macacos, ratos, etc. A indústria cria alimentação artificial. Injeta hormônios e até altera o formato de frangos, patos, porcos e outros bichos para atender aos caprichos do paladar exigente dos consumidores.

Figueiredo incluiu uma salutar citação do escritor Darlei Dall'Agnol em seu livro Bioética[131]: "Somente uma reflexão filosófica sobre o valor da vida fornece razões sólidas para uma compreensão adequada da base teórica da bioética".

Filosofia sobre o valor da vida; é disso que se trata. Se todos nós, como princípio espiritual, passamos por diferentes reinos da natureza, devemos, sim, pôr um olhar apurado sobre esses nossos irmãos (sem aspas); parentesco confirmado em uma citação de outro escritor e também jornalista, André Trigueiro, na obra *Espiritismo e Ecologia*[132], livro que foi e é um marco para o espiritismo:

> Pesquisas genéticas recentes confirmam esses surpreendentes graus de parentesco pelo exame do DNA. Temos 30 mil genes e, mesmo no topo da cadeia evolutiva, nossa diferença para os ratos é de apenas 300 genes. Em relação aos vermes, são apenas 10 mil genes a mais.

---

130 FIGUEIREDO, Paulo Henrique de. A alma imortal dos animais. In: *Universo Espírita*, São Paulo, n. 23, 2005, p. 28-99.
131 DALL'AGNOL, Darlei. *Bioética*. 2. ed. Rio de Janeiro: Zahar, 2005.
132 TRIGUEIRO, André. *Espiritismo e ecologia*. Brasília: FEB, 2014.

No espiritismo como ciência de observação, muito se fala nessa progressividade e essa discussão deve estar incluída quando o objeto do estudo são os animais e seu papel junto ao ser humano encarnado.

Importante destacar dois trechos de *A Gênese*[133], de Allan Kardec:

> 55. Um último caráter da revelação espírita, a ressaltar das condições mesmas em que ela se produz, é que, apoiando-se em fatos, a Doutrina tem que ser, e não pode deixar de ser, essencialmente progressiva, como todas as ciências de observação. Pela sua substância, alia-se à Ciência que, sendo a exposição das leis da natureza, com relação a certa ordem de fatos, não pode ser contrária às Leis de Deus, autor daquelas Leis. *As descobertas que a Ciência realiza, longe de o rebaixarem, glorificam a Deus; unicamente destroem o que os homens edificaram sobre as falsas ideias que formaram de Deus.*
>
> O Espiritismo, pois, estabelece como princípio absoluto somente o que se acha evidentemente demonstrado, ou o que ressalta logicamente da observação. Entendendo-se com todos os ramos da economia social, aos quais dá o apoio das suas próprias descobertas, assimilará sempre todas as doutrinas progressivas, de qualquer ordem que sejam, desde que hajam assumido o estado de verdades práticas e abandonado o domínio da utopia, sem o que o Espiritismo se suicidaria. Deixando de ser o que é, mentiria à sua origem e ao seu fim providencial. *Caminhando de par com o progresso, o Espiritismo jamais será ultrapassado, porque, se novas descobertas lhe demonstrassem estar em erro acerca de um ponto qualquer, ele se modificaria nesse ponto. Se uma verdade nova se revelar, ele a aceitará.*

Os argumentos de Kardec não podem nos servir como desculpa para dilapidar a doutrina dos espíritos ao nosso bel--prazer. Todo o arcabouço da doutrina deve ser preservado no sentido de demonstrar que ela pode, sim, estar de acordo com novas pesquisas em vários campos.

---

133 KARDEC, Allan. *A gênese*: os milagres e as predições segundo o espiritismo. 53. ed. Brasília: FEB, 2013, p. 41-2.

Atualmente, falar em animais e espiritismo está muito distante de somente analisar se eles existem no mundo espiritual, de que é feita a essência de seus espíritos ou alma encarnada, ou mesmo se eles existem de fato no mundo astral ou são somente projeções feitas pelos desencarnados. Diferentemente da época de Kardec, hoje os animais adquiriram outro *status* na vida cotidiana. Eles têm uma importância que transcende uma interpretação simplista; eles participam, sentem e são parceiros de seus tutores. Tudo isso fez surgir todo um campo a ser explorado como pesquisa. E esses estudos não podem colocar o espiritismo em campo adversário de outras áreas de conhecimento.

O que se trata aqui é que falamos de vida, algo em que a ciência está, sim, cada vez mais avançada em suas pesquisas e também no relacionamento com esses nossos irmãos (sem aspas) que são companheiros, nos consolam, nos ajudam e precisam do nosso apoio e proteção.

Mas não é só isso. Temos de encarar a progressividade da ciência espírita e não espírita com a essência do arrais, destemidos e sem preconceitos nessa busca. Porque é dessa forma que chegamos até aqui como humanidade. Jáder Sampaio é psicólogo e professor do Departamento de Psicologia da Universidade Federal de Minas Gerais (UFMG). Pesquisador espírita, publicou um ousado texto[134] em seu blog, que reflete que o espiritismo não pode ser uma verdade absoluta, "porque há uma realidade a ser estudada muito mais ampla que a 'realidade espiritual'". E que esse estudo, além do espiritismo, trouxe avanços inestimáveis para a realidade.

Ele diz:

> Ainda que exista uma conexão entre a "realidade espiritual" e a natureza ou "realidade material'" escapa ao espiritismo o conhecimento da natureza em si. Todos sabemos que ao estudar mais profundamente a matéria, sem hipóteses explicativas transcendentais, o conhecimento aumentou, o que significa dizer que se conhece muito mais sobre a natureza hoje do que a

---

134 SAMPAIO, Jáder. O espiritismo é a verdade absoluta? *Espiritismo Comentado*, 18 abr. 2020. Disponível em: <espiritismocomentado.blogspot.com/2020/04/o--espiritismo-e-verdade-absoluta.html>: Acesso em: 29 fev. 2021.

cem ou duzentos anos. A natureza em si é do domínio de outras áreas do conhecimento, algumas delas muito complexas, ao ponto de demandarem anos e anos de estudo para se poder falar com alguma autoridade sobre algum de seus pontos.

Refletir sobre a progressividade do espiritismo como ciência perpassa muito em respeitar e dialogar com todas as pesquisas em andamento no mundo corpóreo. Respeitar a ciência espírita e também respeitar a ciência laica. Até que ponto estamos preparados para esse avanço? Como podemos colocar essa dialógica em nossa rotina, sem preferir um dos lados em detrimento do outro? Quando a academia vai respeitar a obra de Kardec como ciência e filosofia? Quando a ciência espírita poderá falar em progressividade sem preconceitos de toda ordem?

Acima de tudo, estamos sob as leis da "inteligência suprema, causa primária de todas as coisas"[135] e devemos estar à altura desses desafios do conhecimento.

---

135 Relacionado à questão nº 1, de *O Livro dos Espíritos*: "Que é Deus?".

Os animais são seres sencientes (os manifestos)
(Recortes de mídia)

Em julho de 2012, com grande repercussão, a imprensa mundial divulgou os resultados de um manifesto emitido por 25 cientistas, denominado "Declaração de Cambridge sobre a Consciência em Animais Humanos e Não Humanos"[136].

Naturalmente, foi com imensa alegria que a comunidade sensível à causa dos irmãos menores animais recebeu essa declaração. A partir desse documento, popularizou-se a frase "Não podemos mais dizer que não sabíamos...".

Tratou-se de um marco, visto que, pela primeira vez, a comunidade científica reconheceu publicamente que os animais são seres sencientes (ou seja, têm capacidade de sentir alegria, prazer, dor, tristeza, medo, depressão).

Consta desse importante documento:

> Nós declaramos o seguinte: A ausência de um neocórtex não parece impedir que um organismo experimente estados afetivos. Evidências convergentes indicam que os animais não humanos têm os substratos neuroanatômicos, neuroquímicos e neurofisiológicos de estados de consciência juntamente como a capacidade de exibir comportamentos intencionais. Consequentemente, o peso das evidências indica que os humanos não são os únicos a possuir os substratos neurológicos que geram a consciência. Animais não humanos, incluindo todos os mamíferos e as aves, e muitas outras criaturas, incluindo polvos, também possuem esses substratos neurológicos.

A cerimônia de proclamação da Declaração de Cambridge

---

136 Disponível em: <http://www.labea.ufpr.br/portal/wp-content/uploads/2014/05/Declaracao-de-Cambridge-sobre-Consciencia-Animal.pdf>.

sobre a Consciência em Animais Humanos e Não Humanos" foi realizada em Cambridge, Reino Unido, em 7 de julho de 2012, no Francis Crick Conferência Memorial sobre a Consciência em Animais Humanos e Não Humanos, no Churchill College, Universidade de Cambridge. O documento foi redigido pelo neurocientista Philip Low[137], da Universidade de Stanford e do Massachusetts Institute of Technology (MIT) (EUA), e assinado por 25 cientistas, na presença de Stephen Hawking, renomado cientista britânico.

A esse respeito, a Revista do Conselho Federal de Medicina Veterinária[138] concluiu:

> A Declaração de Cambridge cumpriu o relevante papel de inverter o ônus da prova. A partir dessa constatação científica, se alguém quiser afirmar que os animais (pelo menos os vertebrados e cefalópodes) não têm consciência, terá que demonstrá-lo sob a luz da mesma ciência. Ficou evidenciada a necessidade de se repensar várias práticas que ocorrem em nossa sociedade em relação aos animais e os médicos veterinários e zootecnistas têm um importante papel nessa conscientização. Por esse motivo, precisam avaliar essa declaração e refletir para que possam lidar com as repercussões éticas de suas ações, em uma sociedade que reconhece cada vez mais o estatuto moral dos animais.

Motivo de alegria redobrada é a constatação de que o Manifesto de Cambridge abriu as portas para que países mundialmente respeitados decidissem reconhecer legalmente todos os animais como seres sencientes, como a França (2015) e a Nova Zelândia (2016), por exemplo:

"Dizer que os animais são sencientes é afirmar explicitamente que eles podem experimentar emoções positivas e negativas, incluindo dor e angústia. A explicitação é nova e marca mais um passo ao longo da jornada do bem-estar ani-

---

137 Philip Low é pesquisador da Universidade Stanford e do MIT, ambos nos Estados Unidos. Ele e mais 25 pesquisadores entendem que as estruturas cerebrais que produzem a consciência em humanos também existem nos animais. "As áreas do cérebro que nos distinguem de outros animais não são as que produzem a consciência".

138 COSTA, Alberto Neves et al. A declaração de Cambridge sobre a consciência em animais humanos e não humanos. In: *Revista do Conselho Federal de Medicina Veterinária*, ano XIX, n. 59, p. 8, 2013. Seção Bem-Estar Animal.

mal", disse Virginia Williams (Nova Zelândia), presidente da Comitê Consultivo Nacional de Ética Animal (National Animal Ethics Advisory Committee)[139].

São leis que procuram defender o direito dos animais ao bem-estar, estabelecendo modificações (e correspondentes punições) em muitas práticas antes consideradas normais — tanto com relação aos animais de estimação quanto aos de criação para abate — e que agora são consideradas inaceitáveis.

Certamente, ao longo dos anos essas iniciativas exemplares estarão sendo seguidas por outros países, em benefício de todos os irmãos menores animais.

---

139 MORENO, Fernanda. Nova Zelândia reconhece legalmente os animais como seres sencientes. In: *Causa Animal / Dicas*. 10 ago. 2020. Disponível em: <https://vereadorafernandamoreno.com.br/nova-zelandia-reconhece-legalmente-os--animais-como-seres-sencientes/>.

Os animais têm alma?[140]
Ernesto Bozzano[141]

Já se observou muitas vezes, a propósito das manifestações metapsíquicas, em que os homens são agentes ou percipientes, que elas foram conhecidas em todas as épocas e por todos os povos, mas não se pode dizer a mesma coisa nos casos em que o papel de agente ou percipiente é desempenhado por animais.

Naturalmente que as manifestações metapsíquicas, em que os protagonistas são animais, não podem deixar de estar circunscritas em limites de realização mais modestos do que quando os protagonistas são seres humanos, pois esses limites correspondem às capacidades intelectuais das espécies animais com as quais os fatos se produzem. Entretanto, eles parecem mais notáveis do que se poderia supor à primeira vista. Entre esses fenômenos encontram-se, com efeito, episódios telepáticos em que os animais não desempenham somente o papel de percipiente, mas também o de agente, episódios concernentes a animais que percebem, ao mesmo tempo em que os homens, espíritos e outras manifestações supranormais fora de toda coincidência telepática e, finalmente, episódios em que os animais percebem, coletivamente com o homem, as manifestações que acontecem nas localidades assombradas. Deve-se acrescentar ainda a essas categorias episódios de materializações de formas de animais obti-

---

140 BOZZANO, Ernesto. *Os animais têm alma?* São Paulo: Conhecimento, 2021.
141 Um dos mais notáveis pesquisadores do século XX, investigou profundamente os meandros da ciência da alma no âmbito da fenomenologia supranormal, em consonância com a teoria espírita. Desenvolveu inúmeras pesquisas, visando a comprovar cientificamente a existência e sobrevivência da alma dos animais. Seu livro *Os animais têm alma?* constitui-se na obra mais importante já escrita sobre o tema, contendo 130 casos comprobatórios da atividade paranormal dos animais e de suas aparições *post-mortem*.

das experimentalmente e, enfim, aparições post-mortem, de formas de animais identificados, circunstância que apresenta um valor teórico considerável, já que permite apoiar a hipótese da sobrevivência da psique animal.

[...]

Já é tempo de dispersar, nos meios filosóficos e científicos, os asfixiantes vapores do positivismo materialista, proclamando ao mundo a feliz nova que, no mais ensolarado alto da majestosa árvore do saber humano, brotou um outro ramo luxuriante e fecundo de frutos regeneradores, ramo que se chama a ciência da alma e graças à qual se demonstra a vaidade, a incoerência; o erro da concepção materialista do Universo. Ela demonstra também, essa ciência da alma, que a germinação da vida nos mundos tem por fim a evolução do espírito que, tendo-se encarnado, em potência, na matéria, deve-se se elevar ao estado de uma perfeita individualidade consciente, moral, angélica, graças a inúmeras experiências que alternam com ciclos de existência espiritual, sempre mais sublime, até atingir os supremos cimos de identificação com Deus, o fim supremo do ser. Isto não significa, de modo algum, o aniquilamento do eu, e sim, a sua integração com o divino, sem nada perder de sua própria individualidade, como as células do organismo humano concorrem para criá-lo, sem nada perder da individualidade que lhes é própria. Em outros termos: ao microcosmo-homem, suprema síntese polizoica e polipsíquica no domínio do relativo, corresponde o microcosmo de Deus, síntese transcendental polipsíquica e una, eterna, incorruptível, infinita no domínio do absoluto.

Eis como a alma, a evolução, os destinos do ser são definidos nas famosas sentenças filosóficas obtidas mediunicamente por Eugène Nus[142]:

> Alma: porção de substância que Deus subtrai da força universal para cada individualidade, centro de atividade assimilado incandescente que adquire, um a um, todos os atributos do Criador.
>
> Evolução: as moléculas simples, mudas por atração direta, se agregam e se combinam para formar organis-

---

142 Eugène Nus, Jean-Baptiste (21/11/1816-18/01/1894) — Dramaturgo, poeta, humorista francês, médium. Tornou-se célebre teórico espírita.

mos diferentes, mínimos nos minerais, já sensíveis nos vegetais e instintivos nos animais.

Progredir: para o ser consciente, significa se modificar, empregando racionalmente os elementos interiores e exteriores de que dispõe.

Para os graus sucessivos, o ser consciente cumpre o seu destino, percorrendo moralmente a longa peregrinação da vida. Vida livremente manifestada, mas subordinada a leis necessariamente determinadas pela ordem do Universo.

O fim supremo dos destinos individuais é o de concorrer para formar o ser coletivo de que somos moléculas inteligentes, da mesma maneira que o fim inconsciente, ou o destino das moléculas, das forças puramente instintivas, ou mesmo menos que instintivas, que concorrem para formar nossos organismos, é o de criar o ser individual.

Para o todo como para as partes, a vida é um recomeçar perpétuo e não é semelhante a si mesma em cada momento da sua passagem no tempo."

Percebo, porém, que as especulações filosóficas a respeito do grande problema do ser me fizeram perder de vista a tese bem mais modesta que constitui o objeto desta obra. **Ela consiste em um primeiro ensaio para demonstrar, por um método científico, a sobrevivência da psique animal. É preciso que voltemos ao nosso assunto e concluir, salientando que a existência de faculdades supranormais na subconsciência animal, existência suficientemente comprovada pelos casos que expusemos, constitui uma boa prova em favor da psique animal.** Para o homem, deve-se inferir que as faculdades em questão representam, na sua subconsciência, os sentidos espirituais pré-formados, esperando exercer-se em um meio espiritual (como as faculdades dos sentidos estavam pré-formadas no embrião, esperando exercer-se no meio terrestre). **Se assim é, como as mesmas faculdades encontram-se na subconsciência animal, deve-se inferir daí, logicamente, que os animais possuem, por sua vez, um espírito que sobrevive à morte do corpo.**

Além disto, esta tão interessante demonstração tem sido seguida de outra complementar e não menos estabelecida: **a** que foi extraída dos casos de aparição, depois da morte, de fantasmas animais identificados, daí a conclusão legítima de que tudo contribui para provar a realidade da existência e da sobrevivência da psique animal, se bem que, de acordo com os métodos de pesquisa científica, antes de se pronunciar definitivamente a esse respeito, é preciso esperar um acúmulo posterior de fatos, a fim de se ter o meio de examinar a gênese deles numa vasta escala, analisando, comparando, classificando ainda longamente, enquanto não for afastada qualquer perplexidade legítima neste assunto de uma tão grande importância psicológica, filosófica, moral. Assim, apenas, o que no momento não é senão uma hipótese de trabalho suficientemente apoiada em fatos, para ser tomada em séria consideração, poderá transformar-se em verdade demonstrada.

As atuais pesquisas sobre o assunto não deixam dúvida alguma quanto ao fato de que o veredito da futura ciência deverá pronunciar-se neste sentido. (Grifos da organizadora).

A alimentação natural (visão espírita)
Madalena P. Duarte

Quando uma casa espírita decide iniciar os estudos e a subsequente abertura de uma atividade de assistência espiritual aos irmãos menores animais, deve estar preparada para superar alguns obstáculos, além dos que costumam surgir sempre que algo novo desperta a atenção. Haverá objeções, críticas, preconceito, curiosidade negativa, desconfiança de muitos pelo "inusitado" tema "passe em animais" (?!?). E não somente isso. Talvez o maior obstáculo a ser superado é o da necessidade da mudança de hábito alimentar, principalmente por parte dos voluntários que atuarão nesse trabalho assistencial. Sim, pois como poderemos atuar como intermediários dos espíritos zoófilos no trabalho de auxílio a alguns animais, entre os quais os chamados "animais de companhia" e, ao mesmo tempo, continuarmos a servir, em nossas mesas, a carne dos demais irmãos menores animais (galinhas, patos, codornas, porcos, bois etc.)?!? Afinal — ensina-nos a doutrina espírita — todos os animais são nossos irmãos em evolução!

Segundo Sandra Denise Calado, fundadora da Associação Espírita Amigos dos Animais (ASSEAMA), durante palestra realizada em março de 2017, em Blumenau (SC):

> É necessário que o Centro Espírita mude a consciência em relação aos animais. Do ponto de vista espiritual, quando se abre para o amparo aos animais, abrem-se os caminhos para espíritos que cuidam de espíritos nessa fase. E assim como acontece com nossos trabalhos espirituais para humanos, atendemos encarnados e também desencarnados que vêm receber o tratamento de passe. Do ponto de vista dos animais acontece a mesma coisa. Você abre o trabalho para dar

passe em animais domésticos, mas isso não significa que o plano espiritual não irá trazer, para o mesmo trabalho, animais que desencarnaram vítimas de abate. Então, faz-se necessário que os trabalhadores que irão realizar este trabalho e o centro, como um todo, tenham consciência de que, quando abrem essa atividade, abrem caminhos para assistir animais, espíritos em faixa de animalidade. Isso significa que a casa tem que virar vegetariana.

Portanto, embora sem uso de tom impositivo, a recomendação de mudança de hábitos com a adoção de uma alimentação saudável, que não requeira o sacrifício de animais ("Se você ama uns, por que come os outros?) deverá ser estendida aos frequentadores da casa espírita; aos voluntários da equipe de trabalho com os irmãos menores animais; e também aos tutores que comparecerão com seus tutelados doentes nos dias de atendimento. Naturalmente, é importante também recomendar que essa mudança não pode ser feita de um dia para o outro e sem a devida cautela quanto à escolha dos alimentos substitutos, garantindo sempre que possam conter os nutrientes necessários ao bom funcionamento do corpo humano.

É importante lembrar, ainda, que a coerência de atitudes que se exige para a manutenção de um trabalho relacionado aos irmãos menores animais deve estar presente nas casas espíritas também quanto à realização de eventos de arrecadação de fundos para a instituição, abolindo-se, definitivamente, de sua agenda cafés, almoços ou jantares cujos pratos incluam carne de animais de qualquer espécie. Em acréscimo, é desejável também que procuremos, nos campos de vestuário, cosméticos e acessórios diversos, consumir produtos cuja fabricação esteja isenta de testes feitos em animais. O chamado "couro ecológico", por exemplo, substitui com vantagem as peças tradicionalmente manufaturadas com couro de animal, além de ser mais barato.

Como espíritas, e muitos de nós também como tutores, precisamos buscar atender, em várias circunstâncias de vida — inclusive no que tange aos irmãos menores animais — o apelo que nos fez Jesus, nosso Mestre e Irmão Maior ao dizer: Sede misericordiosos...

Considerações sobre o assunto emitidas por espíritos encarnados ou desencarnados
(Excertos)

Allan Kardec: comentário à pergunta n° 182 de *O Livro dos Espíritos*[143]:

> À medida que o Espírito se purifica, o corpo que o reveste se aproxima igualmente da natureza espírita. Torna-se-lhe menos densa a matéria, deixa de rastejar penosamente pela superfície do solo, menos grosseiras se lhe fazem as necessidades físicas, não mais sendo preciso que os seres vivos se destruam mutuamente para se nutrirem. [...]

Emmanuel: Pergunta 129 de *O Consolador*[144]:

> 129 – É um erro alimentar-se o homem com a carne dos irracionais?
>
> — A ingestão das vísceras dos animais é um erro de enormes consequências, do qual derivaram numerosos vícios da nutrição humana. É de lastimar semelhante situação, mesmo porque, se o estado de materialidade da criatura exige a cooperação de determinadas vitaminas, esses valores nutritivos podem ser encontrados nos produtos de origem vegetal, sem a necessidade absoluta dos matadouros e frigoríficos.
>
> Temos de considerar, porém, a máquina econômica do interesse e da harmonia coletiva, na qual tantos operários fabricam o seu pão cotidiano. Suas peças não podem ser destruídas de um dia para o outro, sem perigos graves. Consolemo nos com a visão do porvir, sen-

---

143 KARDEC, Allan. *O livro dos espíritos*: filosofia espiritualista. 93. ed. Brasília: FEB, 2013, p. 128.
144 EMMANUEL (Espírito). *O consolador*. [Psicografado por] Francisco Cândido Xavier. 29. ed. Rio de Janeiro: FEB, 2017, p. 49.

do justo trabalharmos, dedicadamente, pelo advento dos tempos novos em que os homens terrestres poderão dispensar da alimentação os despojos sangrentos de seus irmãos inferiores.

Irmão X: *Cartas e Crônicas*[145]:

[...] Comece a renovação de seus costumes pelo prato de cada dia. Diminua gradativamente a volúpia de comer a carne dos animais. O cemitério na barriga é um tormento, depois da grande transição. O lombo de porco ou o bife de vitela, temperados com sal e pimenta, não nos situam muito longe dos nossos antepassados, os tamoios e os caiapós, que se devoravam uns aos outros.

André Luiz: *Missionários da Luz*[146]:

[...] – e nós outros, quando nas esferas da carne? Nossas mesas não se mantinham à custa das vísceras dos touros e das aves? A pretexto de buscar recursos proteicos, exterminávamos frangos e carneiros, leitões e cabritos incontáveis. Sugávamos os tecidos musculares, roíamos os ossos. Não contentes em matar os pobres seres que nos pediam roteiros de progresso e valores educativos, para melhor atenderem a Obra do Pai, dilatávamos os requintes da exploração milenária e infligíamos a muitos deles determinadas moléstias para que nos servissem ao paladar, com a máxima eficiência. O suíno comum era localizado por nós, em regime de ceva, e o pobre animal, muita vez à custa de resíduos, devia criar para nosso uso certas reservas de gordura, até que se prostrasse, de todo, ao peso de banhas doentias e abundantes. Colocávamos gansos nas engordadeiras para que hipertrofiassem o fígado, de modo a obtermos pastas substanciosas destinadas a quitutes que ficaram famosos, despreocupados das faltas cometidas com a suposta vantagem de enriquecer os valores culinários. Em nada nos doía o quadro comovente das vacas-mães, em direção ao matadouro, para que nossas panelas transpirassem agradavel-

---

145 IRMÃO X (Espírito). *Cartas e crônicas*. [Psicografado por] Francisco Cândido Xavier. 14. ed. Brasília: FEB, 2014, p. 21.
146 LUIZ, André (Espírito). *Missionários da luz*. [Psicografado por] Francisco Cândido Xavier. Brasília: FEB, 2013, pp. 29-31.

mente. Encarecíamos, com toda a responsabilidade da Ciência, a necessidade de proteínas e gorduras diversas, mas esquecíamos de que a nossa inteligência, tão fértil na descoberta de comodidade e conforto, teria recursos de encontrar novos elementos e meios de incentivar os suprimentos proteicos ao organismo, sem recorrer às indústrias da morte. Esquecíamo-nos de que o aumento dos laticínios, para enriquecimento da alimentação, constitui elevada tarefa, porque tempos virão, para a Humanidade terrestre, em que o estábulo, como o lar, será também sagrado.

[...]

[...] Mas, na qualidade de filhos endividados para com Deus e a Natureza, devemos prosseguir no trabalho educativo, acordando os companheiros encarnados, mais experientes e esclarecidos, para a nova era em que os homens cultivarão o solo da Terra por amor e utilizar-se-ão dos animais com espírito de respeito, educação e entendimento.

[...]

[...] – Semelhante realização é de importância essencial na vida humana, porque, sem amor para com os nossos inferiores, não podemos aguardar a proteção dos superiores; [...]

André Luiz: *Nosso Lar*[147]: [na colônia Nosso Lar] muitos recém-chegados [...] duplicavam exigências. Queriam mesas lautas, bebidas excitantes, dilatando velhos vícios terrenos.

---

147 LUIZ, André (Espírito). *Nosso lar*: a vida no mundo espiritual. [Psicografado por] Francisco Cândido Xavier. 18. ed. Brasília: FEB, 1991.

Espíritas: seremos os últimos a acordar?
Mariléa de Castro

Uma menina de 11 anos viu, em outro verão, na praia, uma rede repleta de peixes recém-pescados — os infelizes debatendo-se na sufocação da agonia, caudas e saltos desesperados, alguns, exaustos, apenas estremecendo, olhos arregalados de sofrimento. Espanto e dor no coração sensível. Antes mesmo de chegar a casa, ela declarou: "Nunca mais vou comer bicho nenhum. Fiquei vegetariana".

A reação de uma criança normal e sensível, ainda não embotada pelo egoísmo e a banalização da dor alheia, capaz de reagir com o coração e não com o estômago à realidade de que seres vivos perecem com dor e desnecessariamente para rumarem a nossas panelas — deveria ser a de toda criatura com sentimento de compaixão e alma misericordiosa. Por que não é?

Porque a tirania do hábito nos hipnotiza. Porque deixamos as ideias vigentes nos dizerem o que fazer, não o coração que sente. Porque não pensamos — seguimos o rebanho humano e as ideias prontas que o sistema nos incute através de uma mídia comprometida com os interesses do lucro.

Os Grandes Instrutores espirituais nos dizem: "O pior carma é o da crueldade". A biologia nos mostra que seres vivos com um sistema nervoso sentem dor como nós — e já provou, pela decodificação do DNA humano, que nós NÃO somos uma espécie à parte, mas apenas uma continuidade do reino animal. Os espíritos foram enfáticos a Kardec: sim, os animais têm uma alma, e um dia serão humanos e divinos como nós, que já fomos como eles. Emmanuel declara que eles são os irmãos menores do homem, candidatos à mesma angelitude. André Luís denuncia os horrores espirituais dos matadouros, e aponta que, sem amor para com os inferiores, não devemos aguardar a proteção dos superiores.

Médicos e nutricionistas já advertiram dos riscos à saúde que a ingestão de carnes traz. Obras sem conta já denunciaram a crueldade que sofrem bois, porcos, carneiros, galinhas etc., tratados como máquinas de produção de carne, confinados, torturados, mortos com violência. "Se os matadouros tivessem paredes de vidro, todos seriam vegetarianos", na frase imortal de Paul MacCartney.

Há consequências terríveis para o planeta e a humanidade e para a sua sanidade física e espiritual, da ingestão de cadáveres dos irmãos menores. E o carma tremendo que essa humanidade está colhendo, em forma de violência e guerras, doenças e obsessões, por patrocinar o sofrimento dessas criaturas nossas irmãs e impedir-lhes a evolução necessária em corpos materiais.

Ao nosso lado — basta querer ver — há uma legião de vegetarianos que aumenta dia a dia, em todos os países: criaturas ateias ou agnósticas, materialistas, adeptos de crenças tradicionais, com uma característica comum: são seres compassivos, com sentimentos que os credenciam a permanecer no planeta renovado após a transição planetária em curso. São ativistas da causa animal, membros de sociedades vegetarianas, conquistam novas legislações e estão incutindo na consciência coletiva a noção evoluída dos direitos dos animais. Diz-nos a palavra candente de um Irmão Maior:

> Generosos batalhadores da causa animal, vanguardistas de uma consciência planetária, estão passando à frente dos espíritas, adotando um modo de viver condizente com os postulados da Lei Evolutiva. E vós, meus irmãos? Que fazeis, sentados à mesa diante dos despojos sangrentos de vossos companheiros planetários? [...] O espírita deveria ser o primeiro, e não o último, a preservar a qualquer custo o equilíbrio planetário. [...] É um triste papel que não cabe, não deveria caber, aos seguidores da doutrina que veio para melhorar o mundo e auxiliar a redenção da Humanidade. [...] Espíritas: o conhecimento acentua a responsabilidade. Não podeis negar vossa irmandade com as espécies animais, claramente demonstrada desde as origens da doutrina.[148]

---

148 CASTRO, Mariléa de. *Era uma vez um espírita*. Limeira: Conhecimento, 2011.

Seremos, em vez de vanguardeiros, os retardados da consciência coletiva? Um mundo novo está surgindo sob a crosta do velho, construído até por criaturas que se dizem materialistas — e nós? Para o que servirá nossa espiritualidade, se ela não ajuda a construir o mundo melhor que desejamos — não com teorias, mas com ações concretas, com novos comportamentos, dignos do amor universal que dizemos idealizar?

Animais: nossos companheiros de viagem
Mauro Luís de Medeiros

Quando penso na existência dos seres no planeta Terra, nestes duzentos mil anos de vida humana, não consigo deixar de refletir que muitos milhares de anos antes a Terra já era habitada por diversas espécies de animais. Deus, em sua infinita sabedoria, criou a Terra e tudo o que nela existe para suprir o homem em suas necessidades físicas e materiais.

Na busca da espiritualidade, o homem desenvolveu o senso espiritual de acordo com seu alcance mental no tempo e no espaço. Basta olharmos para o passado de nossos ancestrais para termos um vislumbre de quantos deuses foram adorados e de quantas religiões e cultos foram criados por uma infinidade de civilizações, e hoje estão esquecidas e/ou apagadas da memória coletiva, encontrando-se somente em livros de História e de Ciência das Religiões.

Nessa viagem, verdadeira saga da evolução humana até os tempos atuais, contamos com importantes companheiros — os animais.

Os animais estiveram presentes nos primórdios da existência humana, quando determinada espécie de primata vegetariano descia das árvores para se alimentar de carcaças de animais deixadas na estepe africana. Ele corria pelo chão da estepe, furtivamente, de uma árvore para outra e apanhava um pedaço de carne ou osso e, assim, comendo a proteína, desenvolvia, aos poucos, o tamanho do cérebro e as suas habilidades cognitivas, sociais etc. Deixando de ser vegetariano, ia, aos poucos, tornando-se onívoro, ou seja, os que comem de tudo.

Nessa escalada evolutiva, o homem sai da Pré-História e é durante o Paleolítico que passará a domesticar o primeiro animal: o lobo. O cão se tornara companheiro inseparável do homem, auxiliando-o ainda no comando de rebanhos durante o Neolítico. Os felinos, na figura dos gatos, foram domesticados muito mais tarde. Os egípcios foram os primeiros a domesticá-los, inclusive existiam gatos de caça, de casa e de guarda. Durante essa viagem da existência humana, muitos animais serão também explorados pelo homem, a saber: os próprios cães, os equinos, os bovinos, os ovinos, os suínos, os camelos, os asnos, e os elefantes, utilizados para o trabalho, alimentação e para a guerra.

No tempo e no espaço, os animais servem e servirão como constantes companheiros do homem, e muitas vezes se estabelecendo um amor entre homem e animal, entre bicho e ser humano, que vai muito além das necessidades físicas e alimentares humanas, surgindo a necessidade espiritual de troca de carinho, afeto, amor e paixão. Só quem já conquistou o coração de um gatinho e a confiança de um cãozinho e ou de outro *pet* alcança a primazia da existência de amar uma criatura criada por Deus, e que nesse ser indefeso possibilita a troca e o exercício do amor fraterno.

Os animais são munidos de existência física e espiritual, sentem amor, dor, frio e calor, fome e sede, têm necessidades tais quais os humanos, e como tal devem ser preservados. Para muitos de nós, deixar de ser carnívoros é um exercício a ser aprendido, debatido e estudado, pois, se os abatedouros tivessem paredes de vidros, imediatamente nos tornaríamos vegetarianos ou veganos.

Sobre a alimentação carnívora, Alan Kardec, em *O Livro dos Espíritos*, na questão 723, registra a resposta dos Espíritos Instrutores:

> Dada a vossa constituição física, a carne alimenta a carne, do contrário o homem se debilita. A lei de conservação lhe prescreve, como um dever, que mantenha suas forças e sua saúde, para cumprir a lei do trabalho. Ele, pois, tem que se alimentar conforme o reclame a sua organização.[149]

---

149 KARDEC, Allan. *O livro dos espíritos*: filosofia espiritualista. 93. ed. Brasília: FEB, 2013, p. 333.

Naturalmente, essas respostas eram adequadas à cultura e compreensão daqueles longínquos tempos do século XIX. Considerando as mudanças que vêm ocorrendo no mundo desde então, em longo prazo, com tempo, paciência, condicionamento e com a evolução espiritual, a alimentação carnívora deverá dar lugar, gradualmente, a uma alimentação vegetariana.

Os animais e a espiritualidade[150]
Irvênia Prada

Lead do entrevistador/editor:

A profunda relação de amizade e companheirismo que une os seres humanos aos animais é muito antiga. Vínculo que traz muitos benefícios à saúde e tem despertado cada vez mais o interesse, inclusive no meio científico. Mas o que existe além das fronteiras físicas e as questões espirituais que envolvem o universo dos animais? Os animais têm alma? Como lidar com a perda desses amigos? Como ocorre a evolução espiritual deles? Eles têm mediunidade? Devemos comer carne? Os animais podem fazer tratamento espiritual?

Para tratar sobre essas e outras dúvidas, conversamos com Irvênia Prada, veterinária, pesquisadora, coordenadora do Núcleo de Medicina Veterinária e Espiritualidade da Associação Médico-Espírita e apresentadora do programa "Nossos Irmãos Animais" na Rádio Boa Nova.

A entrevista:

— Como iniciou sua dedicação à causa dos animais?

— Em termos efetivos foi em 1989, quando publiquei na revista *Comunicações Científicas*, da Faculdade de Medicina Veterinária da USP (v. 13, n. 2), o artigo intitulado "Os Animais têm Alma?", com o propósito de chamar a atenção para o fato — contestado por alguns profissionais da área — de que os animais também são possuidores dessa dimensão que nós, seres humanos, chamamos de mente, psique ou psiquismo. Desse artigo resultou o livro *A Alma dos Animais*[151], com a mesma temática.

---

150 Entrevista publicada na *Revista Difusão FEAL*, 7. ed., 2017. Disponível em: <https://feal.com.br/difusao-feal/>. Acesso em: 4 abr. 2019.
151 PRADA, Irvênia L.S. *A alma dos animais*. Matão: O Clarim, 2018.

— Conte sobre o trabalho do Núcleo de Medicina Veterinária e Espiritualidade (NUVET).

— No final de 2009, em palestra na Faculdade de Medicina Veterinária da USP, comentei sobre o movimento universal de Ciência e Espiritualidade, no qual já me achava inserida, colocando o desafio: não é chegada a hora de a medicina veterinária também se envolver nessa proposta? E, assim, com um grupo de alunos motivados, em 2010 criamos o Movimento Cultural de Medicina Veterinária e Espiritualidade (MEDVESP) e, em 2014, o NUVET, junto à Associação Médico-Espírita de São Paulo (AME-SP). Hoje, o NUVET já se encontra incorporado também à AME-BR, com alguns "Nuvets filhos" que estão se criando por esse Brasil afora.

— Como ocorre a escolha dos temas para o programa "Nossos Irmãos Animais" que você apresenta na Rádio Boa Nova?

— Vamos priorizando os temas que os ouvintes nos trazem com mais frequência e também insistimos em estudos sobre a verdadeira natureza dos animais, na visão espírita e acadêmica. Diferentes aspectos da vivência espiritual dos animais compõem o texto do meu livro *A Questão Espiritual dos Animais*[152].

— O conhecimento da verdadeira natureza dos animais, tanto por parte da ciência quanto da espiritualidade, representa um olhar mais abrangente que vem se desenvolvendo?

— Sem dúvida! Em *O Livro dos Espíritos*, questão 780a, já temos a informação de que o progresso moral (relacionado ao exercício de nosso livre-arbítrio) se fará pelo progresso intelectual, dando-nos a possibilidade de distinção entre o bem e o mal e, assim, de optarmos pelo bem e para o bem de todos!

— O que acha importante ressaltar sobre os animais e a espiritualidade?

— O conhecimento de que os animais são seres espirituais em evolução e não "coisas" disponíveis e descartáveis. Infelizmente, ainda temos, na cultura universal, forte resíduo do paradigma antropocêntrico, que objetiva o bem-estar apenas do ser humano, subjugando e explorando a natureza em

---

152 PRADA, Irvênia L.S. *A questão espiritual dos animais*. São Paulo: FE Editora, 2001.

seu benefício. Considerar que os animais não têm alma representa mera estratégia para exercício de poder, o que historicamente já aconteceu em relação às mulheres — que somente foram consideradas seres com alma imortal a partir do Concílio de Macon, da Igreja Católica, no ano de 585, e também em relação aos escravos negros, até o final do século XIX.

— O que foi o Manifesto de Cambridge?

— Esse manifesto foi divulgado em 07.07.2012, exarado por 26 neurocientistas de vários países, liderados pelo Dr. Philip Low, pesquisador da Stanford University e do Massachusetts Institute of Technology (EUA), no qual constam os dizeres: "Todos os mamíferos, aves e até alguns invertebrados como os polvos, têm consciência". Os argumentos exarados revelam que as mesmas estruturas cerebrais existentes nos seres humanos, para expressão da consciência, também existem nos animais. Pesquisas recentes sobre a atuação de áreas do córtex cerebral de cães, em ressonância magnética funcional, têm confirmado a identidade de configuração arquitetônica e estrutural entre o cérebro dos animais e o cérebro humano. Em outras palavras, as diferenças são de natureza quantitativa e não qualitativa.

— Poderia falar desses temas tratados nos programas na rádio?

— As informações da rádio que transmitimos aos ouvintes sempre têm por base as obras da codificação espírita e outras subsidiárias, como as de André Luiz e Emmanuel. Em Kardec, encontramos, em *O Livro dos Espíritos*[153]: os animais têm um princípio (inteligente) independente da matéria (questão 597); a inteligência do homem e a dos animais emana de um mesmo princípio (questão 606a); para os animais não existe expiação (questão 602); os animais reencarnam e evoluem (questões 599 e 601); e em *A Gênese*[154]: os animais agem por instinto e também por inteligência. Em André Luiz, encontramos: os animais emitem o seu pensamento em ondas

---

153 KARDEC, Allan. *O livro dos espíritos*: filosofia espiritualista. 93. ed. Brasília: FEB, 2013.
154 KARDEC, Allan. *A gênese*: os milagres e as predições segundo o espiritismo. 53. ed. Brasília: FEB, 2013, cap. III, itens 11 a 13.

fragmentárias[155] [156]; o cérebro é o órgão sagrado de manifestação da mente, em trânsito da animalidade primitiva para a espiritualidade humana[157]; e assim por diante.

— Qual é a responsabilidade dos profissionais que trabalham com os animais?

— É muito grande e aumenta à medida que se instruem a respeito da verdadeira natureza dos animais. "O desenvolvimento do livre-arbítrio segue-se ao desenvolvimento da inteligência e aumenta a responsabilidade do homem pelos seus atos"[158].

— Além do tratamento físico, como deve ser o tratamento espiritual dos animais?

— Podemos estender o benefício da prece, da água fluidificada e do passe, conforme capítulo específico que escrevi a respeito e que consta do meu livro *A Questão Espiritual dos Animais*.

— Como é o vínculo entre os animais e os seres humanos?

— Os animais, de modo geral, são uma fonte inesgotável de afeto e, principalmente motivados por essa razão, os seres humanos se apegam a eles, por vezes até de maneira inadequada, transformando-os em bonecos, brinquedos ou verdadeiros bebês ("filhinhos"). O que vale é uma relação saudável, de harmonia, respeitando-se sua natureza e as possibilidades de expressão de seu repertório comportamental.

— Qual a visão do espiritismo sobre o vegetarianismo?

— Esse é um assunto bastante polêmico e também consta de um capítulo especial em meu livro já citado, *A Questão Espiritual dos Animais*, em que considero quatro abordagens — ética, nutricional, ecológica e vibratória. Trata-se de uma opção pessoal, que deve ser bem refletida. Penso que se motivada por amor aos animais, poupando-lhes o sofrimento da criação e do abate industrializados, bem como respeitando-lhes o direito natural à própria vida, certamente isso se rever-

155 LUIZ, André (Espírito). *Evolução em dois mundos*. [Psicografado por] Francisco Cândido Xavier e Waldo Vieira. Rio de Janeiro: FEB, 2008, cap. X.
156 LUIZ, André (Espírito). *Mecanismos da mediunidade*. [Psicografado por] Francisco Cândido Xavier e Waldo Vieira. Brasília: FEB, 2014, cap. IV.
157 LUIZ, André (Espírito). *No mundo maior*. [Psicografado por] Francisco Cândido Xavier. Brasília: FEB, 2014, cap. 3, 4.
158 KARDEC, Allan. *O livro dos espíritos*: filosofia espiritualista. 93. ed. Brasília: FEB, 2013. Questão 780a.

terá em benefício para todos.

— Como lidar com a perda dos animais que amamos?

— Apoiando-nos no conhecimento de que, como seres espirituais, sobrevivem à morte do corpo físico e seguirão seu processo evolutivo por meio de reencarnações sucessivas, tal qual acontece conosco. Sentir saudade deles é perfeitamente compreensível, desde que nos lembremos com alegria e gratidão dos bons momentos vivenciados.

— Gostaria de acrescentar algo?

— Sim, é necessário que estudemos o assunto nas obras básicas da codificação espírita e em outras obras com a mesma sintonia, para que sejamos motivados a respeitar os animais e, quando possível, a amá-los. "A missão do superior é a de amparar o inferior e educá-lo [...]. Sem amor para com os inferiores não podemos aguardar a proteção dos superiores" (mentor Alexandre, em *Missionários da Luz*, de André Luiz, cap. 4). Que Jesus, nascido em um estábulo, na companhia de animais, abençoe o esforço de todos nós que pretendemos a conquista de uma vivência harmônica entre seres humanos e animais!

Parte II

Acesse o QR-Code acima para abrir as imagens das apresentações do trabalho de assistência aos animais.

Estrutura do centro espírita para a atividade de assistência espiritual aos irmãos menores animais
Considerações preliminares

O trabalho de assistência espiritual aos irmãos menores animais não requer mudanças significativas no desenvolvimento normal das atividades de uma casa espírita. Não atrapalha em nada e, assim como as demais atividades, só requer seriedade, humildade, disciplina e dedicação.

Mencionaremos, nas próximas páginas, os espaços físicos necessários e as atribuições dos membros da equipe destacada. Baseamos este relato na prática em vigor em nossa instituição — Associação Espírita Encontro Fraterno —, com sede em Blumenau (SC), e no Grupo Fraternal Francisco de Assis, sediado em São Bernardo do Campo (SP).

É importante ressaltar que a assistência espiritual aos irmãos menores animais requer, em primeiro lugar e obrigatoriamente, que os membros da equipe de trabalho realizem estudos prévios de cerca de dois anos sobre a questão espiritual dos animais. Além das obras básicas, em especial *O Livro dos Espíritos*, deve-se estudar também obras complementares espíritas (André Luís, Emmanuel, Irmão X, Gabriel Delanne, por exemplo) e outras, de escritores encarnados, espíritas (ou mesmo não espíritas), que demonstrem sensibilidade e conhecimento em relação ao assunto. Destaque-se o livro de Marcel Benedeti, *Os Animais Conforme o Espiritismo*[159].

Só depois desse estudo — que deve ser mantido de forma continuada — pode-se implantar o trabalho de assistência espiritual aos animais. Naturalmente, de não menos importância é o compromisso de participação de todos, de forma

---
[159] BENEDETI, Marcel. *Os animais conforme o espiritismo.* 4. ed. São Paulo: Mundo Maior, 2012.

continuada, nos demais estudos doutrinários disponíveis na instituição.

Tal compromisso valoriza a obtenção de conhecimentos não somente sobre a questão espiritual dos animais — o que, certamente, é agradável aos espíritos zoófilos, que assim podem contar com instrumentos cada vez mais eficientes —, mas também para a busca do estudo sério e continuado da doutrina espírita, conforme recomendado por Allan Kardec.

Como sugestão para a implantação de uma atividade destinada ao tratamento espiritual dos irmãos menores animais na casa espírita, apresentamos um projeto esquemático simples, dividido em duas etapas de assimilação, seguido de um projeto descritivo, baseado na prática que vem sendo desenvolvida em nossa instituição (AEEF). Não são necessárias modificações estruturais ou grandes providências para a implantação de qualquer uma das fases. Espera-se, entretanto, a indispensável manutenção constante de amor, humildade e seriedade no trabalho.

Esclarecimento necessário

Entre milhares de vocábulos, o dicionário nos dá o significado de uma palavra que adquire importância maior para os integrantes de uma casa espírita que se disponha a incluir, entre suas diversas atividades, a de assistência espiritual aos irmãos menores animais. Aliás, nesse caso, essa palavra se amplia, tornando-se uma verdadeira palavra-chave:

> COERÊNCIA – s.f. Relação lógica entre as ideias e os fatos, entre o discurso e a ação; congruência; coesão. (*Dicionário Escolar da Língua Portuguesa*, Academia Brasileira de Letras).

Ao mesmo tempo em que decidimos pela implantação de um trabalho voltado à espiritualidade dos irmãos menores animais, precisamos nos conscientizar de que estaremos abrindo, acima de tudo, espaço para os espíritos zoófilos que os ajudam diretamente e que atuam sob a coordenação do venerando espírito Francisco de Assis. Assim, não faz sentido que a instituição promova, depois dessa implantação, qualquer atividade ou iniciativa que represente exploração, sofrimento ou morte para os animais.

Devemos acrescentar, também, em nossa tomada de consciência, a palavra RESPEITO, e, lembrando-nos dos ensinamentos do Mestre Jesus, quando nos legou as bem-aventuranças, uma palavra ainda mais significativa: MISERICÓRDIA ("Sede misericordiosos").

Em resumo: coerência, respeito e misericórdia.

Por tudo isso, precisamos assegurar a manutenção dos seguintes entendimentos:

— Na formação da equipe de trabalho, ressaltar a necessidade de adoção de uma alimentação natural (vegetariana ou vegana). Para os não vegetarianos, atribuir um prazo razoável para essa finalidade, recomendando que busquem a orientação de um(a) nutricionista para garantir uma boa e adequada alimentação.

— Abolir a realização de eventos na instituição, como reuniões de diretoria ou de confraternização, chás, almoços ou jantares beneficentes, por exemplo, que deem margem ao consumo de alimentos preparados com carne de qualquer tipo ou origem.

— Não expor no mural de divulgação cartazes que promovam eventos beneficentes diversos baseados na alimentação carnívora.

— Sempre que houver oportunidade, sugerir aos seareiros ou frequentadores da Instituição — porém, sem imposição — a adoção de hábitos alimentares que não impliquem sofrimento ou morte para os animais, bem como, no que diz respeito a acessórios, cosméticos etc., que se dê preferência ao uso de produtos livres de crueldade animal (*cruelty free*).

— Nas palestras doutrinárias, considerar a inclusão, periodicamente, dentre outros temas de cunho espírita-cristão, os relacionados à espiritualidade dos animais.

Objetivos

a) Propiciar aos irmãos menores animais doentes e submetidos a tratamento veterinário um auxílio diferenciado, por meio da prática de vibrações espirituais, aplicação de passes ("magnetismo pela imposição de mãos") e água irradiada (espiritualmente "energizada").

O Animal na Casa Espírita

b) Apresentar aos tutores, no decorrer desse processo, um novo conceito de convívio e parceria com seus tutelados, incentivando a adoção da prática do Evangelho no lar, recurso de indiscutível valor para a manutenção de bons eflúvios no ambiente residencial, em benefício de todos.

c) Incentivar, entre a equipe de trabalho e os tutores, a adoção de alimentação natural (vegetariana ou vegana), em cumprimento à lei de respeito e preservação da vida dos irmãos menores animais. Da mesma forma, que se evite o uso de vestuários e acessórios confeccionados em couro e de cosméticos testados em animais.

d) Propiciar oportunidade para a realização de cursos de estudos da doutrina espírita aos membros da equipe de trabalho e aos tutores, para que descubram a importância de conhecer essa doutrina confortadora e libertadora.

Projeto Esquemático

Coordenação Geral

Abertura dos trabalhos

— Rodízio, por manifestação voluntária de algum membro da equipe.

— Reflexão (1 minuto).

— Prece a Francisco de Assis (1 minuto).

Equipe de apoio (8h-12h)

— Recepção/acolhimento.

— Acolhida, preenchimento da ficha preliminar, entrega da água irradiada e/ou fluidificada.

— Avisos.

— Audiovisual.

Grupos de atendimento aos tutores (8h45min-9h20min)

a) Entrevista: coleta preliminar de dados (nome do tutor/tutelado/endereço) (sugestão de ficha cadastral anexa).

b) Orientação e cuidados básicos: entrega de folhetos ou cartazes ilustrativos.

Grupos de atendimento espiritual aos tutelados/tutores

a) Mesa mediúnica: máximo de 10 pessoas (8h30min-9h-30min).

— Irradiação, passe e atendimento a distância (8h30min--9h20min).
— Colóquio (9h20min-9h30min).
b) Breve palestra no auditório
— Reflexão e prece de abertura (15 minutos).
— Avisos (3 minutos):
— método para recebimento do passe (tutores e tutelados);
— horário de atendimento;
— uso da água fluidificada (para humanos);
— uso adequado da água irradiada (para os irmãos menores animais);
— medicamentos prescritos por médico-veterinário e trazidos para irradiação;
— conversa fraterna.
c) Passes (tutor e tutelado)
d) Conversa fraterna (20min)

Grupo de estudos: das 10h15 às 12h (após encerrado o atendimento)

— Monitoria
Parte 1 — Leitura e comentários de uma questão, por exemplo, do livro *Os Animais Conforme o Espiritismo*, de Marcel Benedeti.
Parte 2 — Avaliação das atividades dos grupos de trabalho
— Mesa mediúnica
— Apoio
— Atendimento (suporte técnico)
— Estudos

Cursos

— Estruturar cursos intensivos (seminários) para formação e capacitação dos trabalhadores voluntários do grupo de assistência aos irmãos menores animais.

— Visitar casas espíritas em São Paulo, que desenvolvam atendimento espiritual aos animais.

Cursos sobre a espiritualidade dos animais (via internet: consultar programação)

Intensivos:
a) ASSEAMA — São Paulo (SP)

b) Grupo Fraternal Francisco de Assis — São Bernardo do Campo (SP)

Longa duração:

a) Casa Espírita-Sede: 2 anos (semanal — 1h30min)

— Com a estruturação do curso Espiritualidade dos Animais e formação do grupo de estudos, ministrá-lo aos trabalhadores voluntários.

— Após a qualificação do grupo, oferecer aos tutores e demais trabalhadores curso semanal de longa duração (2 anos).

—Programar, anualmente, encontros de reciclagem da equipe.

b) Casa Espírita Sede — Continuados

— Estudo das obras que compõem a doutrina espírita e as suplementares.

Projeto Descritivo

Espaços físicos necessários

— Recepção: local para as boas-vindas aos irmãos menores animais e seus tutores.

— Sala de passe: (i) utilizada para aplicação do passe (essa atividade pode ser realizada também no auditório, a critério da casa espírita, embora a sala de passe ofereça mais aconchego; (ii) local para preparação/meditação dos médiuns passistas, antes do início dos trabalhos no auditório. Sugestão: sala de passe.

— Sala de cadastramento e/ou atendimento fraterno: para atendimento individual dos tutores.

— Auditório: para atendimento presencial e palestra de cunho espírita, seguida da aplicação de passe nos animais e seus tutores, de preferência em sala própria.

Roteiro das atividades de atendimento

— A cargo de equipes previamente formadas e com atribuições definidas, porém sem conotação de hierarquia.

Equipe de apoio:

— Chegada às 8h.

— Limpeza do salão (pano úmido com desinfetante).

— Abertura com prece em conjunto (texto sugestivo anexo), na Sala de passe, às 8h30min.

— Verificar banheiros (papel higiênico, papel-toalha, sabonete).

— Ligar aparelho de som (microfone, telão).
—- Ligar o aparelho de ar condicionado em 18°C (essa temperatura contribui para acalmar/tranquilizar os tutelados presentes).
— Colocar, sobre um balcão ou aparador próximo à Sala de passe, bandeja de remédios trazidos pelos tutores e prescritos aos tutelados pelos respectivos médicos-veterinários; e duas ou três garrafas extra contendo água a ser irradiada para uso dos tutelados (no caso dos remédios, a irradiação é feita apenas na primeira vez que o irmão animal é trazido para atendimento espiritual).

— Colocar as garrafas de água a ser fluidificada para uso dos tutores sobre um aparador na recepção ou no auditório.
— Colocar rolo de etiquetas autoadesivas sobre o balcão, para anotação do nome dos tutelados nas garrafas de água a ser irradiada.
— Colocar potes de água na recepção e alguns, estrategicamente, no auditório.
— Colocar no aparador, na recepção, fichas numeradas de

chamada para o passe, a serem entregues aos tutores conforme forem chegando.

— Colocar caixa para doações espontâneas em dinheiro (para suprir pequenas despesas de manutenção), sobre a mesinha, no auditório.

— Após a saída dos tutores e tutelados, retirar saco de lixo usado, providenciar sua reposição, e repetir as providências de limpeza, deixando as dependências completamente limpas e preparadas para outras atividades subsequentes realizadas pela instituição.

Recepção (dois seareiros):

— Garantir presença na chegada e na saída dos tutores e tutelados.

— Dar as boas-vindas com carinho e encaminhar os tutores e seus tutelados para o auditório.

— Entregar ficha numerada de chamada para o passe.

— Orientar os tutores quanto ao recolhimento dos dejetos de seus tutelados (saquinhos higiênicos, lata de lixo etc.)

Entrevista de tutores:

— Preencher ficha cadastral com letra bem legível, para facilitar eventual contato futuro. Trata-se de ficha de registro de dados essenciais, como: nome e endereço de tutor/tutelado, informações sobre a doença do animal, sem qualquer anotação de documentos pessoais dos tutores.

— Prestar esclarecimentos ao tutor que vem pela primeira vez. Entregar papel-lembrete sobre o retorno do(a) tutelado(a) para uma sequência de passes (cinco semanas).

— Entregar folheto informativo (tratamento e assistência espiritual aos irmãos animais/água irradiada). (Ver anexo).

Abertura dos trabalhos no auditório:

— Leitura e comentários sobre texto de cunho espírita-cristão e/ou relacionado à questão dos animais. Eventualmente, projeção de vídeo sobre a temática "irmãos menores animais".

— Lembretes gerais aos tutores sobre o trabalho de assistência espiritual aos animais, conforme instruções do espírito zoófilo mentor espiritual da atividade, ou seja, com simplicidade, humildade e ressaltando que o trabalho realizado é de ordem espiritual e não dispensa o atendimento prestado pelo médico-veterinário responsável pelo animal:

(1) Muitas vezes, os tutores se tornam responsáveis pelas doenças surgidas nos tutelados. É preciso vigiar as atitudes do cotidiano no lar, enfim, o modo de vida.

(2) O tratamento espiritual é conduzido por seareiros esclarecidos e médiuns atentos às instruções e inspirações oferecidas por espíritos zoófilos.

(3) O tratamento espiritual é feito no períspirito; soma-se ao tratamento feito pelo médico-veterinário no corpo físico do animal, potencializando os efeitos dos remédios a ele prescritos.

(4) Banhos: para não prejudicar a pele do animal facilitando o surgimento de fungos, bactérias etc., devem ser dados apenas uma vez por mês ou, eventualmente, a cada 15 dias. Evitar o uso de xampus químicos — usar sabonete de coco sem soda.

(5) Recomendar a prática do Evangelho no Lar semanalmente (folheto informativo à disposição dos tutores). É interessante que a instituição organize um grupo de seareiros apto a auxiliar os tutores no processo inicial de implantação dessa prática, que representa valioso recurso de ajuda espiritual a tutores e tutelados.

(6) Opcionalmente, oferecer gratuitamente a pomada "Vovô Pedro" (unguento para problemas de pele em geral (registro no Conselho Regional de Farmácia-MG), distribuída para as casas espíritas pela S.E. Maria Nunes, de Belo Horizonte (MG) (http://www.marianunes. org.br/pomada-vovo-pedro/postos-de-distribuicao).

(7) Recomendar a não "humanização" dos animais (devem ser respeitados em sua natureza).

(8) Divulgar e incentivar os benefícios da alimentação natural.

Equipe de passe (médiuns e seareiros de apoio):

— Providenciar jarra com água para uso na sala de passe.

— Dispor as cadeiras em posição adequada para a aplicação do passe em tutores, tutelados e eventuais acompanhantes.

— Iniciar os trabalhos fazendo cinco minutos de silêncio, seguidos de prece e mentalização, para que a energia magnética da mão direita se torne adequada para aplicação do passe no tutelado.

— Encerramento às 9h30min, para assistir aos trabalhos no auditório.

— Entre 10 e 10h10min, chamada dos tutores para o passe individual, realizado na sala de passe.

Sala de cadastramento/atendimento fraterno

— Local que pode ser usado alternadamente:

(1) Antes do início dos trabalhos, para o cadastramento dos tutelados, prestar esclarecimentos e recomendar ao tutor que retorne com seu tutelado para uma sequência de passes (cinco semanas, por exemplo).

(2) Ao final dos trabalhos, para conversa fraterna com os tutores que assim o desejarem, nos moldes em que é realizada para os animais humanos. O(a) atendente deve atuar com fraternidade e discrição, e não passar aos tutores orientações baseadas em impressões pessoais que possam, eventualmente, afetar o tratamento espiritual dado aos irmãos menores animais.

Sala de passe:

— Importante: por questões de ética e de coerência, é altamente recomendável que os membros da equipe que atuem na sala de passe sejam vegetarianos ou veganos. Porém, aos ainda carnívoros, pede-se, respeitosamente, que evitem se alimentar de carne três dias antes da atividade de assistência aos irmãos menores animais.

Uma hora antes do início do atendimento, a equipe composta de médiuns passistas e de sustentação, reunida na sala de passe, realiza as seguintes ações:

— Alguns minutos de silêncio iniciais, seguidos de prece solicitando aos Irmãos Zoófilos que transmutem a energia magnética em fluídica na mão que será utilizada na aplicação do passe nos irmãos menores animais. Sugestão de frase rogativa*: Que a luz divina nos envolva, transformando nossa energia magnética em energia fluídica. Obs.: * Prece praticada pelo GFFA, que acatamos em nosso trabalho na AEEF (ver anexos).

— Mentalização/irradiação para o passe a distância.

— Vibração pelos animais desaparecidos, abandonados, maltratados.
— Pedido para irradiação dos remédios trazidos pelos tutores.
— Breve silêncio meditativo, antes do encerramento.
— Sugestão de prece de encerramento na sala de passe (ver anexo).

Auditório — Atribuições do dirigente:

— No horário estabelecido para início do atendimento, estando presentes os tutores e seus tutelados, fazer a abertura com uma prece, seguida de breve palestra de cunho espírita-cristão e/ou a leitura de artigos relacionados à espiritualidade dos animais e/ou aos seus direitos.

— Ressaltar que o tratamento dos tutelados na casa espírita é de ordem espiritual e que, portanto, não dispensa o atendimento de cada um deles por seus respectivos médicos-veterinários.

— Explicar o que é e para que serve a água irradiada, sua validade (sete dias) e modo de uso na água de beber dos animais.

— Explicar o que é a água fluidificada (adequada aos humanos) e informar que ela se encontrará à disposição dos tutores após o encerramento, em aparador de fácil acesso, na saída da casa.

— Lembrar aos tutores que os animais são sensíveis à presença de energias negativas e que cabe a eles, no lar, mantê-los em ambiente tranquilo, isento de brigas, discussões, barulhos, palavrões etc.

— Recomendar a prática do Evangelho no Lar e colocar à disposição dos tutores folheto com sugestão de roteiro a ser seguido e/ou adaptado à religião de cada tutor(a).

— Oferecer, se houver interesse dos tutores, a cooperação dos seareiros da instituição para implantação da prática do Evangelho no Lar.

— Lembrar que a prática da eutanásia em animais deve ser evitada, lançando-se mão desse recurso somente em casos de extrema gravidade e muito sofrimento, e sendo feita unicamente por médico-veterinário, segundo procedimentos éticos prescritos por lei.

Estudos após o encerramento dos trabalhos

— Após a saída de tutores e tutelados, a equipe se reúne para estudo de um livro que aborde a questão espiritual dos animais. Sugestão: *Os Animais Conforme o Espiritismo*.

Orientações de um espírito zoófilo aos seareiros
Irmão Yossef

Lembrar que a conexão com a espiritualidade maior (Francisco de Assis, irmãos zoófilos e outros espíritos ligados aos irmãos menores animais) se inicia já um dia antes da atividade de atendimento. É preciso manter pensamentos e ações nobres, tolerância, muito amor.

No dia de atendimento, ao se levantar, pedir proteção para o reforço da cúpula espiritual e para que os membros da equipe sejam bons instrumentos, tenham paz e harmonia. Que todos que estiverem no trabalho se sintam melhor do que quando chegaram.

Não se alimentar de carne e bebidas alcóolicas nas 72 horas anteriores à realização do trabalho de assistência aos animais. Observação importante: o seareiro, tendo em vista seu trabalho em favor da vida dos irmãos menores animais, deve empenhar-se em se tornar vegetariano, assim como evitar o uso de vestuário e acessórios confeccionados em couro, como também de cosméticos fabricados por indústrias que realizam testes com animais.

Evitar faltas, em especial os que atuam no trabalho mediúnico (irradiação e passe). O espírito mentor do trabalho esclarece que se trata de um compromisso muito sério, visto que cada seareiro(a) é assistido(a) por uma equipe de espíritos que precisam da presença do(a) médium para atuar.

Deixar os problemas de ordem pessoal fora da instituição e do trabalho de assistência.

Lembrar dos pilares de Francisco de Assis — humildade, solidariedade, fraternidade, simplicidade. Ao tratar com tutores e tutelados: sorriso, carinho, respeito, amor.

Evitar aglomerações e conversas desnecessárias. Deslocar-se nos ambientes com suavidade. Todos são responsáveis por zelar pelo silêncio local.

Outras observações importantes

Usar (opcionalmente) avental (simples "guarda-pó)" e crachá para fácil identificação de cada membro da equipe de trabalho.

Manter as portas da sala de passe fechadas.

Orientar os tutores quanto ao recolhimento dos dejetos de seus tutelados (saquinhos higiênicos, lata de lixo etc.).

Não fornecer alimentos aos tutelados.

Desestimular, sempre, a prática da eutanásia, que deve ser usada como o último dos últimos recursos.

Seguir de perto o cronograma de trabalho, sem desvios desnecessários.

Sempre que necessário, dar apoio à equipe de recepção.

Transmitir aos tutores apenas as informações necessárias e não permitir que impressões, opiniões ou emoções pessoais possam afetar o tratamento espiritual dos irmãos menores animais.

Manter a continuidade dos estudos de livros sobre a espiritualidade dos animais ou correlatos, assim como dos estudos básicos e complementares da doutrina espírita.

Adoção do termo "tutor"[160] [161]

Sob o título *Dono, não, Tutor, sim!*, o jornal virtual da Agência de Notícias de Direitos Animais (ANDA), edição de 24 de fevereiro de 2016, reproduziu artigo da médica-veterinária Silvia Manduca Trapp, professora do curso de Medicina Veterinária da UNOPAR (Londrina, PR), com importantes esclarecimentos relativos a uma mudança conceitual que demonstra mais uma conquista de nossos irmãos menores animais no campo dos sentimentos de consideração e respeito.

"Você sabia que animais não possuem donos, mas sim tutores? A partir da filosofia do século 20, vários conceitos sofreram mudanças, trazendo novos conflitos e, consequentemente, novos questionamentos, inclusive sobre as relações que temos com outros seres. Afinal, somos nós, humanos, o centro de tudo? Somos donos ou proprietários de outras vidas?

"De acordo com o dicionário Aurélio, proprietário é aquele que tem propriedade de alguma coisa, que é senhor de bens. Já a palavra 'dono' significa senhor, possuidor, proprietário. 'Dono' e 'posse' denotam propriedade. Quem tem posse, possui propriedade sobre o objeto possuído. Os termos não apresentam atribuições originais às posições de guarda ou tutela, tutor ou responsáveis de animais.

"Como seres em constante mudança e eterna lapidação, devemos nos perceber como tutores ou guardiões de uma vida que escolhemos ter ao nosso lado como companhia. Dessa forma, o animal, obviamente, não se trata de um objeto que possuímos e que muitas vezes é explorado para obtenção de

---

160 Os termos "tutor" e "tutelado" já foram devidamente reconhecidos no âmbito da legislação federal e estão sendo grafados dessa forma nos textos de projetos de lei relacionados aos direitos animais (defesa, proteção etc.). [Nota da organizadora]

161 Disponível em: <https://www.anda.jor.br/2016/02/dono-não-tutor-sim-2/>.

lucro como, por exemplo, em sua venda.

"Tutor é aquele que protege e defende. O tutor ou guardião consciente instrui e guia o seu tutelado, educa com amor e promove todas as possibilidades de uma evolução completa em aprendizagem e saúde. O cuidado na terminologia revela uma mudança moral positiva.

"A convivência entre o tutor e o tutelado deve ser construída a fim de proporcionar o desenvolvimento conjunto, como em qualquer outra relação. Porém, cabe ao ser humano (tutor) que escolheu a companhia de um *pet* (tutelado) proporcionar cuidados e proteção de forma responsável, lembrando que o livre-arbítrio do tutor não lhe confere a posição de proprietário, mas sim, de um responsável pelo bem-estar do *pet* ao seu lado. Quanto mais sensatos e atentos sobre a importância de outras vidas, mais seremos conscientes sobre nós mesmos!"

Relatos sobre irmãos menores animais atendidos no Cantinho de Francisco de Assis

Linda, a colaboradora social de quatro patas.

Poucos meses após o início de nossos trabalhos de assistência espiritual aos irmãos menores animais, tivemos oportunidade de receber Linda, da raça Labrador Golden, trazida pelas mãos de sua emocionada tutora.

Linda, na ocasião com 10 anos de idade, chegou até nós como uma "celebridade", visto que trabalhava em hospitais, emprestando sua bela cor de ouro e todo o seu charme e ternura para visitar, em datas específicas, criaturas humanas hospitalizadas com variados problemas de saúde. Inclusive, já havia sido premiada por sua benemérita atuação.

Chegou ao Cantinho de Francisco de Assis por estar com insuficiência renal e câncer de mama. Idosa e com a saúde abalada, já não conseguia mais atuar com o mesmo brilho junto aos acamados. Estava sendo aposentada, merecidamente.

Atendida por nossa equipe com admiração e carinho, cerca de dois meses depois sucumbiu à gravidade dos problemas — desencarnou.

Embora tenha desencarnado, merece registro a atitude de sua tutora, que dias depois voltou ao nosso Cantinho de Francisco de Assis. Emocionada, disse que ali voltara apenas para agradecer à equipe de trabalho pelo atendimento carinhoso à Linda e a ela mesma, tutora.

Este foi mais um momento em que pudemos avaliar e constatar o bem que ambos — tutor e tutelado — recebem dos espíritos zoófilos durante as reuniões de assistência espiritual aos irmãos menores animais. Temos evidenciado que, algumas vezes, o irmão menor animal precisa menos de atendimento espiritual do que o seu próprio tutor.

Linda — a bela colaboradora social de quatro patas — partiu para cumprir os desígnios de Deus e reiniciar, oportunamente, sua trajetória evolutiva. Sua tutora, com os esclarecimentos recebidos, teve forças e compreensão para aceitar a separação imposta pelo desencarne de sua querida tutelada.

Pérola Maria, a pequena bravinha.

Sempre no colo de sua atenciosa tutora, Pérola Maria não deixava ninguém se aproximar para acariciá-la. Da raça *pinscher*, mostrava os dentinhos agudos a quem quer que se atrevesse a tentar uma pequena aproximação sequer.

Trazida para tratamento espiritual, estava com sete anos de idade e sofria de otite nos dois ouvidos. Bravinha, não deixava ninguém aplicar o remédio necessário. E o problema só piorava. Além disso, tinha muito ciúme dos tutores.

Por coincidência, dias depois da primeira visita, realizamos um seminário com a presença de amigos espíritas de uma instituição-irmã, com previsão de atendimento cirúrgico espiritual a alguns irmãos menores animais ao final do evento.

Os presentes puderam, então, assistir. Durante transe mediúnico, o espírito zoófilo coordenador dos trabalhos de assistência espiritual aos irmãos menores animais operou os ouvidos de Pérola Maria. Naquele momento, todos assistiram a uma cena incrível. Inclinando-se para realizar os movimentos da cirurgia, o espírito (por intermédio do médium atuante) falava docemente aos ouvidos dela, que nenhuma reação apresentou... Silenciosamente, submeteu-se ao tratamento espiritual.

Pérola Maria ficou curada.

Dois anos depois desse atendimento, a tutora voltou ao Cantinho de Francisco de Assis. Pérola Maria havia engordado, tinha muita sede e talvez estivesse desenvolvendo um lipoma. Dessa vez, a tutora trouxe queixas dela: andava insone, sonhava muito, começara a roncar... Incomodava o tutor...

Na ocasião, no atendimento fraterno foi recomendado à tutora que fizesse o Evangelho no Lar. Com a presença de Pérola Maria, com certeza!

O tempo passou e não tivemos mais notícia da Pérola Maria. Ficou, em um cantinho de nossos corações, a lembrança de mais uma irmãzinha irreverente e querida...

Maya, a "cantora de ópera".

Trazida por um casal de tutores simpático e afável, Maya, de cerca de quatro anos, misturinha de *shih-tzu* com pequinês, chegava acompanhada de Greko, "puro" *shih-tzu*, alguns anos mais velho. Ambos muito bonitos, em seus pelos brilhantes e bem tratados.

Um tanto agitados, com "cara de não muito bons amigos", eram acomodados ao lado dos tutores ou, às vezes, no próprio colo deles.

Maya era vítima de constantes alergias, sem diagnóstico. Eis o motivo da procura de tratamento espiritual no Cantinho de Francisco de Assis.

Uma particularidade chamava a atenção durante o início dos trabalhos. No momento da breve palestra, Maya começava a emitir sons semelhantes a uivos, não propriamente uivos. Depois de alguns segundos, o "canto" cessava. Era difícil deixar de achar graça nesse comportamento inusitado de Maya. Os sorrisos se abriam na face de todos.

Esse "fenômeno", para o qual não conseguíamos ter explicação, continuou ocorrendo por algum tempo, nas várias vezes em que os tutores a trouxeram ao Cantinho de Francisco de Assis, sempre ao lado de Greko.

Certamente, para os queridos espíritos zoófilos, o "mistério" que envolve o comportamento da "cantora Maya" tem explicação simples. Precisaríamos, entretanto, lembrar de consultá-los...

Valentim, o ouriço encantador.

Certo dia, logo nos primeiros meses de nosso trabalho de assistência espiritual aos irmãos menores animais, recebemos para atendimento uma criaturinha linda, de espinhos lisos, lembrando cerdas de pincel — um ouriço ou *hedgehog*.[162]

---

[162] *Hedgehog* ou ouriço pigmeu africano, tem o tamanho de uma xícara de café. Assemelha-se a um porco-espinho, mas tem espinhos lisos. Pode ser encontrado

Contando um ano e quatro meses, estava muito doentinho, com suspeita de síndrome neurológica degenerativa.

A atmosfera do auditório, já comumente agradável, elevada, iluminou-se ainda mais com o sentimento de ternura despertado por esse minúsculo animal — o ouriço Valentim.

Acomodado com todo o carinho na palma da mão da tutora e agasalhado por pequenina manta, Valentim, com seu jeitinho frágil, olhinhos expressivos, sensibilizou todos os corações humanos que ali se encontravam.

Valentim recebeu passe e o amor da equipe de trabalho em mais uma ocasião posterior.

Diante da gravidade do estado de saúde de Valentim, o casal de tutores demonstrava ter entendimento de que em breve tempo ele faria a transição. E isso acabou acontecendo cerca de três meses depois. Certamente, o minúsculo, dócil e encantador animalzinho foi recebido na Colônia Espiritual dos Animais com carinho e ternura redobrados.

Pirata, SRD, com aproximadamente 14 anos.

Shirley Machado, atualmente companheira de trabalho de atendimento aos irmãos menores animais em nosso Cantinho de Francisco de Assis, relata:

"A Associação Espírita Encontro Fraterno nos foi indicada no consultório veterinário Arca de Noé, de Blumenau. Pirata, nossa cadelinha, estava com pancreatite. Tínhamos ido até Curitiba para buscar tratamento. E nada havia que garantisse um bom resultado.

"Iniciamos, em agosto de 2015, a nossa ida à citada Associação, ao Cantinho de Francisco de Assis.

nas cores sal-e-pimenta, canela e floco de neve. Vive em média de 9 a 12 anos. Sua criação foi legalizada pelo Ibama há poucos anos.

O Animal na Casa Espírita

"No primeiro sábado, foi emocionante a reação da Pirata. Serena no colo, recebendo o passe. E a cada sábado era uma nova reação de contentamento da *Pirata*; ia sentadinha, presa ao cinto de segurança no banco de trás do carro. Mas, quando entrávamos na rua do Centro, havia uma grande mudança no comportamento dela: começava a resmungar carinhosamente, como se dissesse 'estou chegando ao local onde recebo tratamento para a minha saúde'. E, quando chegava, a alegria era imensa! Xereteava tudo, se sentava no meu colo e ficava esperando o passe. Durante o procedimento, beijava lambendo a mão do passista em agradecimento ao bem que estava recebendo. Hoje, completados cinco anos, temos uma Pirata saudável e nós, da família, eternamente agradecidos."

Intervenção "misteriosa".

Claudia, tutora amorosa de vários cães, relata um comportamento inusitado que pudemos acompanhar em uma de nossas reuniões de atendimento espiritual aos irmãos menores animais:

"A Amora foi resgatada em uma rua deserta com sua amiguinha Fiona, em um dia de inverno chuvoso e frio. As duas estavam encharcadas e cheias de lama quando Amora latiu para um grupo de ciclistas que passava pelo local.

"Naquele momento, pensei que ela estivesse esperando filhotes, mas, depois de um bom banho, descobri que Amora e Fiona haviam sido abandonadas porque eram idosinhas e estavam cheias de tumores mamários.

"Com a saúde debilitada e sem opção de cirurgia, Amora, que "teria poucos meses de vida", passou a frequentar o Cantinho de Francisco de Assis comigo. E, lá no Cantinho, durante a palestra, ela parecia engolir bolinhas no ar que só ela conseguia ver. Ficava sentadinha no meu colo, esticava o pescocinho e abocanhava algo no ar. Isso acontecia sempre que estávamos no Cantinho, durante a palestra, e chegamos à conclusão de que ela estava tomando um remedinho espiritual.

"Amora, que teria apenas alguns meses de vida, conforme diagnosticado na ocasião, viveu ainda longos e felizes três anos e meio e pôde desfrutar a "melhor idade" com humanos que a amaram e respeitaram.

"Acredito que o trabalho feito pelos amados irmãos zoófilos e os remedinhos que ela tomava com tanta graça fizeram toda a diferença no tempo que Amora conviveu comigo."

Quando o amor chega quase a adoecer...
Madalena P. Duarte

Em nosso trabalho de assistência espiritual aos irmãos menores animais, tivemos oportunidade de registrar duas ocasiões em que as tutoras chegaram, comovidamente, com pequena urna na mão e lágrimas nos olhos. Dentro das urnas, as cinzas de seus amados tutelados.

Anúbis, "deus dos mortos" (mitologia egípcia).

Difícil não nos comovermos com a cena. A lembrança do irmão animal que se foi permanece implantado no coração do tutor, à semelhança de um espinho. O amor pelo tutelado que fez a transição é tanto, que quase chega a gerar um amor doentio — amor-apego.

A liturgia do luto que, tradicionalmente, é realizada para desencarnados humanos, está sendo adotada também para os irmãos menores animais. Nos tempos modernos, e com o espaço que vem sendo conquistado na sociedade pelos irmãos menores animais, temos à disposição, principalmente nas cidades metropolitanas, cemitérios para animais e/ou serviços de cremação, entre outros. Podemos comprar túmulos, urnas de diversos tamanhos, desenhos e cores para conter os despojos dos irmãos menores animais que deixam a Terra e viajam para a outra dimensão — o plano espiritual.

Será que para nós, espíritas, faz sentido essa preocupação, seja no campo humano, seja no campo animal?

Diante das inúmeras informações que a doutrina espírita nos oferece, reflitamos. Com a desencarnação, o que resta no campo terreno é somente um corpo físico sem vida. São simplesmente despojos. O espírito prossegue — é imortal. Em ambos os casos, seja animal-humano, seja animal-animal.

Da mesma forma, sabemos que o apego demasiado que eventualmente mantivermos por aquele ser que partiu não contribui para sua libertação, para sua paz no mundo espiritual, para sua preparação para retomar sua caminhada no campo da evolução.

Então? Por que ou para que guardar as cinzas de nossos amados tutelados e chorar sobre elas?

Na ocasião, prestamos atendimento fraterno às tutoras entristecidas e pedimos, com carinho, que libertassem as cinzas e mantivessem a certeza de que seus tutelados já haviam sido acolhidos com muito amor na colônia espiritual a eles destinada no mundo maior. E oferecemos uma sugestão sem censura, mas com espírito de fraternidade, para que devolvessem as cinzas — com muito respeito e afeto — à Mãe Natureza, em um belo jardim, nas águas de um bonito rio ou nas águas profundas do mar...

Que libertassem a alma de seus tutelados, guardassem em seus corações somente a saudade e o sentimento de amor e gratidão que haviam cultivado durante o curto ou longo período de convivência com suas criaturinhas de quatro patas.

A experiência da cura e do acolhimento
Michele Wilke

O ano de 2015 marcou a minha vida de uma forma inesperada e transformadora. Um ano antes, minha gata Miumiu foi acometida por um sequestro de córnea, causado pelo vírus *herpes zoster*, doença também conhecida como córnea negra. Após o tratamento com uma médica-veterinária especialista em oftalmologia, sentia que as sequelas da doença doíam mais em mim do que na minha amada gatinha, que, na época, estava com seis anos de vida.

Foi então que soube de um pequeno grupo da cidade que oferecia assistência espiritual aos nossos irmãos menores animais, por meio de um tratamento de passe e irradiação de água. Logo que cheguei ao local, me senti abençoada pelo acolhimento que recebi da equipe de voluntários que atuavam junto à Associação Espírita Encontro Fraterno (SEEF) por meio do Cantinho de Francisco de Assis (CFA), responsável pelo tratamento aos animais. Oferecido aos sábados pela manhã, o tratamento era sempre iniciado por uma palestra com temas sobre espiritualidade e bem-estar animal. Aquele trabalho, oferecido com tanto amor e dedicação, mudou a minha vida para sempre.

Aos poucos, comecei a perceber a melhora no olho lesionado da minha persa e, ao mesmo tempo, passei a sentir que eu também estava sendo tratada pela espiritualidade como tutora. Por diversas vezes, me emocionei com as doces e sábias palavras da querida dona Madalena Duarte, que coordenava o grupo de forma tão amorosa e benevolente. Não demorou muito para que eu fosse convidada, por esse ser de luz, a auxiliar no trabalho. Me senti presenteada. Eu tinha, na época, 24 anos de estudos doutrinários e já havia atuado como voluntária em projetos sociais em outras casas espíritas. Mas este trabalho não tinha comparação a tudo que eu já havia vivido por meio da doutrina espírita.

Quando percebi, já estava completamente envolvida com a assistência aos irmãos menores animais, e era dessa forma que eu iniciava os meus sábados matinais até janeiro de 2016, quando mudei para o litoral baiano por questões profissionais. Mas, nesse curto período em que tive o privilégio de participar do grupo — eu desejava que tivesse sido muito mais —, aprendi muito sobre a espiritualidade e a alma dos animais. Tive a oportunidade de conhecer o lindo legado do Dr. Marcel Benedeti e de participar, também, de um seminário no Encontro Fraterno com o Irmão Gilberto, do Grupo Fraternal Francisco de Assis (GFFA), de São Bernardo do Campo (SP), que emocionou a todos os participantes e tratou diversos irmãos menores animais pela energia do espírito Irmão Yossef.

Muitos tutores compreenderam, por meio da dedicação e do ensinamento compartilhado pelos voluntários do CFA, que os animais estão convivendo conosco para contribuir para o nosso processo evolutivo e, por menor que esse tempo de convivência seja, devemos aprender a lidar com a dor da perda de seres tão queridos e estimados por nós. Sofríamos junto aos tutores a cada partida. Não havia como não se compadecer com a dor do próximo. Mas o acolhimento era tão grande e valoroso, que vários tutores continuaram a frequentar o CFA, mesmo após o desencarne do seu animalzinho de estimação.

Alguns até passaram a colaborar com o trabalho de forma voluntária. Nesse momento, compreendi como o amor transforma. Naquele pequeno espaço, por meio de um pequeno grupo de pessoas dispostas a doar seu tempo em prol do bem dos nossos irmãos menores, muitos animais — assim como seus tutores — foram tratados, outros animaizinhos foram preparados para o desencarne e muitas pessoas compreenderam o verdadeiro significado do amor fraterno. Dr. Marcel Benedeti ressaltava que "não podemos ajudar efetivamente os animais, se não ajudarmos também as pessoas". Até hoje, sou imensamente grata pelo aprendizado adquirido naquele período.

O Animal na Casa Espírita

Quando minha Miumiu partiu de forma inesperada, em 2016, senti que ela estava sendo acolhida e tratada pela espiritualidade da maneira amorosa que merecia, assim como eu, naquele momento de dor. O meu sofrimento era forte, mas eu não me sentia sozinha, me sentia amparada. Hoje, tenho um novo olhar diante dos animais e até mesmo da vida. Como dizia Allan Kardec, "fora da caridade não há salvação". E esse trabalho no bem, assim como a equipe fraterna com a qual convivi, me salvaram quando eu mais precisava de um novo entendimento, que era além da assistência prestada aos homens e aos espíritos desencarnados. Muitos não sabem, mas os animais também têm alma.

Quem dá mais: o animal ou o homem?
Ricardo Orestes Forni

O reino animal cumpre função essencial na evolução espiritual.

Completo a pergunta que confere nome ao artigo "Quem colabora mais para que as leis da Natureza, que são as do próprio Criador, sejam cumpridas — o animal, dentro dos limites de sua irracionalidade ou o homem, ser que atingiu a consciência de seus atos?"

Como defensor apaixonado que sou dos primeiros, não responderei à questão, mas trago, penso eu, subsídios que ajudarão cada um a responder por si mesmo.

Na questão de n° 677 de *O Livro dos Espíritos*, Kardec recebe, dentre outros, os seguintes ensinamentos dos Espíritos Superiores:

> [...] Quando digo que o trabalho dos animais se cifra no cuidarem da própria conservação, refiro-me ao objetivo com que trabalham. Entretanto, provendo às suas necessidades materiais, eles se constituem, inconscientemente, executores dos desígnios do Criador e, assim, *o trabalho que executam também concorre para a realização do objetivo final da Natureza, se bem quase nunca lhe descubrais o resultado imediato.* (Grifo nosso)[163]

Peço a sua atenção para uma reportagem da revista VEJA, edição 1933, de 30 de novembro de 2005, que amplia a participação do trabalho animal para o bem-estar da vida do homem. Na reportagem, encontramos a informação de que o psicólogo infantil americano Boris Levinson, no fim da dé-

---

163 KARDEC, Allan. *O livro dos espíritos*: filosofia espiritualista. 93. ed. Brasília: FEB, 2013, p. 318.

cada de 1950, encontrava dificuldade com o seu mais novo paciente, um menino de 10 anos com sérios problemas de socialização. Para surpresa do psicólogo, encontrou, determinado dia, seu paciente abraçado a um cão Labrador de nome "Jingle" na sala de espera de seu consultório, falando com o animal sobre as suas angústias. O fato levou o psicólogo a utilizar animais no tratamento da grave doença do "autismo", cujos resultados foram publicados em um artigo denominado (traduzido para o nosso idioma) "O cachorro como um coterapeuta". Não é preciso dizer que o orgulho do ser humano reagiu com chacota à proposta do psicólogo. Como sempre, o deboche passa e a verdade vai se impondo de tal forma que, a partir da década de 1980, a zooterapia, ou seja, o emprego de animais em determinadas patologias do ser humano foi se transformando em uma realidade que baniu a chacota. Recentemente, continua informando a reportagem da revista VEJA, pesquisadores da Universidade da Califórnia, estudando 76 pacientes internados com insuficiência cardíaca, comprovaram que eles se curavam mais rapidamente quando recebiam visitas acompanhadas por um animal.

Um estudo realizado em 1994 na Austrália, pelo médico Warwick Anderson, demonstrou que tutores de cães e gatos iam menos à consulta médica do que aqueles que não tinham nenhum animal de estimação. Outra coincidência? Ora, não fiquemos só em mais essa.

Uma revista denominada *Neurology*, da Academia Americana de Neurologia, acompanhando o cotidiano de pessoas epilépticas que tinham cachorros, constataram que quatro de cada dez cães ficavam alterados durante as crises de seus tutores. Desse número, 15% dos cães modificavam o seu comportamento antes que o tutor sofresse o surto epiléptico. Não significa nada? Continuemos, pois.

No Brasil, há 15 anos, a equoterapia, ou seja, o emprego de cavalos na terapia de pacientes com síndrome de Down, paralisia cerebral e dislexia, comprovaram sua eficiência. Pelo menos é o que informa a fonoaudióloga e equoterapeuta Leonora Ávila: "As atividades com os cavalos estimulam, ao mesmo tempo, quase todos os sentidos, o que beneficia muito essas crianças". A equoterapia proporciona prazer pelo toque, estimula o quadril do cavaleiro, fortalece a coluna vertebral, melhora a postura e o equilíbrio, auxiliando ainda no senso de direção e concentração, isso sem falar na melhora da autoestima e a segurança.

Para o espírita, todas essas constatações não devem causar nenhum espanto, já que "[...] É assim que tudo serve, que tudo se encadeia na Natureza, desde o átomo primitivo até o arcanjo, que também começou por ser átomo" não é mesmo?[164]

Haveremos de chegar a um dia em que o animal não seja lembrado tão somente nas mesas para satisfação de glutonarias ou sob o guante das chicotadas ou ainda nas caças e pescas denominadas de esportivas, isso para não falar o que sofrem nos laboratórios nas pesquisas que proporcionam ao ser racional novas medicações com que possa combater seus sofrimentos.

O irmão Sol, a irmã Lua ou o irmão Lobo, de Francisco de Assis, hão de transformar-se em uma realidade no mundo de seres mais evoluídos, que entenderão que cabe ao que vai à frente auxiliar aqueles que estão na retaguarda, na mesma proporção em que vivemos pedindo socorro àqueles que estão na nossa frente na marcha evolutiva.

---

164 KARDEC, Allan. *O livro dos espíritos*: filosofia espiritualista. 93. ed. Brasília: FEB, 2013, p. 264.

Ao divino naturalista[1]
Hammed (Espírito)

Senhor Jesus!...

Buscamos-te novamente neste Natal, em teu berço de palha na manjedoura singela, sob o céu estrelado, recordando o início de Teu reinado de equilíbrio e harmonia soberana.

Divino Mestre, neste Teu natalício, ajuda-nos a descortinar os milhares de anos de "separação imaginária" que nos afastaram do sentimento da fraternidade universal, ou seja, da complementaridade perfeita que existe entre todas as criaturas e criações. Esclarece-nos a alma conturbada, para que possamos compreender que os homens são apenas uma parte desta grande sinfonia da evolução da vida em todo o Universo. Ensina-nos a considerar sagrado o ambiente em que vivemos e a entender que, para que haja realmente paz entre nós, devemos perceber a relação entre o microcosmo e o macrocosmo, reconhecendo nossa união com a Natureza e com todos os seres. Revelaste-nos, Senhor, Tua grandeza, exaltando as coisas simples da naturalidade da vida, dentro e fora de nós. O que sucede nos reinos simples da Natureza, acontece igualmente no mundo complexo da alma.

Mestre, tu nos ensinaste a confiança na Vida Providencial, que a tudo comanda:

> a serenidade das aves dos céus,
> a majestade dos lírios dos campos,
> a potencialidade das sementes,
> a exemplificação das pérolas,
> a valorização dos montes e lagos,
> a brandura das ovelhas,

---

1 Neto, Francisco do Espírito Santo, *Lucidez - a Luz que Acende na Alma*, Catanduva, SP, Boa Nova Editora, 2008.

o significado do semeador,
o poder das boas árvores,
a virtude do trigo.

Sublime Amigo, Tu és considerado, por excelência, o Divino Naturalista. Através da Tua magnitude, exemplificaste nossa unidade com a Natureza, ampliando-nos a sensibilidade para uma percepção mais profunda de nós mesmos.

Condutor das Almas, dá-nos mais clareza de consciência diante de Teus ensinamentos, para que possamos enxergar a Terra e seus habitantes como parte efetiva de nosso corpo e de nossa alma — ambos criações divinas —, respeitando a todos, bem como a nós mesmos.

Abençoa-nos, agora e sempre!

Considerações finais
Madalena P. Duarte

Ratificando seu caráter progressista, o espiritismo vem, finalmente, abrindo nossos olhos para a questão espiritual dos animais, tendo como diretriz básica questões abordadas por Allan Kardec no capítulo XI de *O Livro dos Espíritos*, que, como todos sabem, foi editado em 1857 em Paris, França.

Neste século XXI, constatamos o surgimento diário, nas redes sociais, de novos e impressionantes exemplos de atitudes vindas de nossos irmãos menores animais, a demonstrar sua incrível predisposição à afetividade como uma de suas mais fortes características, senão a mais forte e reconhecida — o amor incondicional. A tal ponto é real essa característica, que alguns cães (ou mesmo gatos, já existem narrativas) são capazes de renunciar às suas próprias necessidades vitais, permanecendo impassíveis por muito tempo ao lado do túmulo de seus tutores, até fenecerem...

Incontáveis são os seus exemplos de solidariedade e amor. Inteligentes, vêm prestando valioso auxílio ao ser humano em hospitais, escolas, instituições de saúde etc. Por tudo isso, deveríamos sentir-nos felizes com a possibilidade de tê-los — de acordo com a doutrina que professamos — como irmãos de caminhada evolutiva. Esse entendimento nos convida a incluí-los, sim, com muito amor, em nossas práticas no campo da caridade.

Encerrando nossas considerações, desejamos render nossa homenagem a Cairbar Schutel (1868-1938), conhecido no movimento espírita (principalmente no estado de São Paulo), como o Bandeirante do Espiritismo, por meio da reprodução do comovente apelo por ele lançado nos longínquos anos de 1924 e constante de seu livro *Gênese da Alma*. Diante de sua grande sensibilidade e coragem, tomamos a liberdade de estender a abrangência do epíteto a ele concedido, chamando-o, com muito respeito: Bandeirante do Espiritismo e da Causa Animal.

Apelo em favor dos animais[165]
Cairbar Schutel

Vós, que vedes luzes nestas letras que traçam a estrada da evolução espiritual, tende compaixão dos pobres animais, não os espanqueis, não os maltrateis, não os repudieis!

Lembrai-vos, amigos meus, que o Pai, em sua infinita misericórdia, cerca-os de carinhos, e, prevendo a deficiência de seus espíritos infantis, lhes dá fartas colheitas sem a condição de que semeiem ou plantem: prados cobertos de ervas e flores odorosas, bosques sombrios, planícies e planaltos, onde não faltam os frutos da vida; rios, lagos e mares, por onde se escoam os raios do Sol, a luz da Lua, o brilho das estrelas!

Sede bons para com os vossos irmãos inferiores, como desejais que o Pai celestial vos cerque de carinho e de amor! Não encerreis em gaiolas os pássaros que Deus criou para povoarem os ares, nem armeis ciladas aos animais que habitam as matas e os campos!

Renunciai às caçadas, diversão vil das almas baixas, que se alegram com os estertores das dores alheias, sem pensar que poderão também ter dores angustiosas, e que, nesses momentos, em vez de risos e alegria, precisarão de bálsamo e misericórdia!

Homens! Tratai bem os vossos animais, limpai-os, curai-os, alimentai-os fartamente, dai-lhes descanso, folga no serviço, porque são eles que vos ajudam na vida, são eles que vos auxiliam na manutenção da vossa família, na criação dos vossos filhos!

Senhores! Acariciai os vossos ginetes, os vossos cães, dai-lhes remédio na enfermidade, tratamento, liberdade e repouso na velhice! Carroceiros! Não sobrecarregueis os vossos

165 SCHUTEL, Cairbar. *Gênese da alma*. Matão: O Clarim, 2011.

burros e os vossos cavalos como fazem com os homens os escribas e fariseus: impondo-lhes pesados fardos que eles, nem com a ponta do dedo os querem tocar! Lembrai-vos que os animais são seres vivos, que sentem, que se cansam, que têm força limitada, e, finalmente, que pensam, e que, em limitada linguagem, acusam a sua impotência, a sua fadiga irreparável aos golpes do relho e das bastonadas com que os oprimis! Sede benevolentes, porque também em comparação aos Espíritos Divinos, de quem implorais luz e benevolência, sois asnos sujeitos à ação reflexa do bem e do mal!

Senhores e matronas! Moços, moças e crianças! Os animais domésticos são vossos companheiros de existência terrestre; como vós, eles vieram progredir, estudar, aprender! Sede seus anjos tutelares, e não anjos diabólicos e maléficos, a cercá-los de tormentos, a impor-lhes sofrimentos! Sede benevolentes para com os seres inferiores, como é benevolente, para com todos, o nosso Pai que está nos Céus!

Homenagens
I — Francisco de Assis[166]

Retornando a Assis[167]
Divaldo P. Franco

Aproximadamente há 30 anos, vivi a notável experiência de visitar a cidade de Assis, procurando reencontrar o inolvidável São Francisco. A magia de sua vida, que vem sublimando outras vidas ao longo da História, embriagou a minha infância e juventude, oferecendo-me a doce presença de Jesus no mundo atribulado e enfermo dos tempos...

As suas sublimes canções embalaram a minha existência, convidando-me ao enternecimento e à esperança de que é possível amar-se a tudo e a todos, voltando-se à infância com toda a sua ingenuidade.

Pareceu-me revê-lo pelas ruas de pedras irregulares cantando as baladas enternecedoras que se tornaram inolvidáveis.

Jamais hei-me olvidado do seu amor por todas as criaturas, assim como da sublime entrega de Clara ao seu chamado de misericórdia e de compaixão.

Nesse ínterim, retornei por diversas vezes, reencontrando-o sempre nas alamedas dos foras da cidade e das suas paisagens iridiscentes, cobertas de lavanda em flor...

Estou novamente na cripta de São Francisco, reflexionando sobre a sua mensagem nestes dias de ultraje e agressividade, de desespero e de injustiça, de violência e de horror...

A sociedade que alcançou as estrelas e as micropartículas não conseguiu fazer-se solidária à dor que ulula em toda parte, aguardando oportunidade de renovação.

166 Patrono dos animais e do meio ambiente.
167 FRANCO, Divaldo P. Retornando a Assis. In: *A Tarde*, Salvador, 17 maio 2018. Coluna Opinião.

Aos meus ouvidos chegam as notícias de que a guerra da Síria terminou, ao tempo em que reacende a raiva iraniana contra os judeus e Gaza é tomada pela expectativa de bombardeios.

O grande problema, porém, é que o homem e a mulher modernos ainda não aprenderam a conviver como irmãos, dando-se conta da transitoriedade das conquistas inúteis e do vazio existencial que devora povos e indivíduos, reduzindo tudo ao caos.

Em uma análise mais profunda, constato que é muito fácil amar e compreender o próximo, bastando uma autovistoria desvelando as próprias dificuldades.

A tecnologia de ponta aproximou os indivíduos, reduziu as distâncias, ao tempo em que produziu uma incomensurável solidão, proporcionando um individualismo perverso e destruidor da alegria de viver e de cantar.

Logo mais, voltarei a esse mundo diferente onde vivo e desejo rogar-te, Irmãozinho dos animais e amigo da natureza, que venhas comigo e com todos aqueles que te visitam, ajudar-nos a disseminar a paz e o amor nas existências estioladas e nos sentimentos amargurados.

Se voltares a cantar outra vez e te utilizares de nossas vozes para dialogar e nossos braços para servir, estaremos sendo instrumentos da paz de Deus no mundo.

II — Marcel Benedeti

Idealizador do trabalho de assistência aos irmãos menores animais na casa espírita

[Transcrição de notícia veiculada pelo portal da Agência de Notícias de Direitos Animais (ANDA)]

**O veterinário e defensor de animais
Marcel Benedeti morre em SP**

1º de fevereiro de 2010

(Da Redação)

"Morreu hoje em São Paulo, aos 47 anos, vítima de câncer, o médico-veterinário, escritor espírita e defensor dos animais, Marcel Benedeti. Ele era vegetariano e dedicou a vida aos animais e a conscientizar as pessoas da necessidade de tratar todas as espécies com respeito e compaixão.

"Benedeti apresentava um programa na Rádio Boa Nova ("Nossos Irmãos Animais"), único no gênero, que mostrava os animais como seres inteligentes e sensíveis, capazes de compreender as nossas ações sobre eles. Com o programa, Marcel Benedeti conseguiu mudar o ponto de vista de milhares de pessoas que se tornaram vegetarianas por simples demonstração de respeito aos animais. Milhares de pessoas que não davam importância aos seus animais passaram a respeitá-los e a tratá-los com a dignidade que merecem, tanto quanto nós.

"Ainda na tentativa de ampliar a consciência nas pessoas, criou uma associação, que tem como objetivo educar as pessoas por meio de cursos que envolvem o aprendizado da ética no trato com os animais. Por intermédio da associação, Marcel Benedeti conseguiu arrecadar rações e medicamentos distribuídos aos animais carentes, contribuindo assim para salvar milhares de vidas animais. Certo de que a educação é o caminho correto para uma vida melhor e mais digna aos animais e pessoas, Marcel Benedeti defendia que, ampliando o seu pequeno projeto de educação ética, se ampliariam os horizontes da dignidade humana para com os animais. Seu objetivo era ver os animais sendo tratados com dignidade e respeito, pois acreditava que um crime cometido contra um animal tem a mesma gravidade de um crime cometido contra uma pessoa.

"Por seu amor aos animais, ele fazia consultas, cirurgias e até dava medicamentos às pessoas carentes, que mal tinham o que comer em casa, para que seus animais não sofressem ainda mais.

"Marcel Benedeti publicou também sete livros. O primeiro a ser editado foi *Todos os Animais Merecem o Céu*; o segundo: *Todos os Animais São Nossos Irmãos*; o terceiro: *Animais no Mundo Espiritual*; o quarto: *A Espiritualidade dos Animais*; o quinto: *Histórias Animais que as Pessoas Contam*; *Errar é Humano — Perdoar é Canino*; e, mais recentemente, Animais: *Tudo o que Você Precisa Saber*; e o último, *Os Animais Conforme o Espiritismo*.

"O corpo será cremado nesta terça-feira (2) no Crematório da Vila Alpina, às 10h00.

"Nota da Redação: Fica aqui a nossa homenagem para uma pessoa de grande caráter, que trabalhou incansavelmente, em sua área, pelo reconhecimento dos direitos animais."

Tributo

O primeiro livro de Marcel Benedeti: *Todos os Animais Merecem o Céu*[168]

"Este foi o título escolhido pelo autor e veterinário Marcel Benedeti para o livro que relata a reencarnação dos animais, a eutanásia, o sofrimento como forma de evolução desses seres, a existência de colônias que cuidam dos animais no plano espiritual e outras questões importantes.

"A obra foi uma das premiadas no Concurso Literário Espírita João Castardelli 2003-2004, promovido pela Fundação Espírita André Luiz. Este foi o primeiro livro do autor que se especializou em homeopatia para animais e conheceu a doutrina espírita na época em que cursava a faculdade, apesar de sua mediunidade ter se manifestado muito antes desse período.

"Marcel relata que, quando trabalhava em uma livraria e se preparava para prestar vestibular, em um dia de pouco movimento, foi para a parte de baixo da loja estudar e notou que estava sendo observado por um senhor. Resolveu perguntar se aquele senhor desejava alguma coisa e ele lhe respondeu que só estava achando interessante vê-lo estudar; então, Marcel Benedeti explicou que queria passar no vestibular de veterinária e o velhinho disse que não se preocupasse, porque passaria. Previu também outros fatos que aconteceriam.

"Em seguida, se despediu, dizendo que iriam se ver de-

---

[168] Texto introdutório de entrevista concedida por Marcel Benedeti a Érika Silveira, publicada pela *Revista Cristã de Espiritismo*, n° 29, p. 54-9, 2004.

pois. Após alguns instantes, Marcel comentou com seu colega de trabalho que tinha achado aquele homem esquisito por fazer previsões do futuro. O colega disse que não havia entrado ninguém na livraria; foi então que Marcel Benedeti deu-se conta de que se tratava de um espírito. Este, mais tarde, é que viria a lhe ditar o livro.

"O tema da obra fez tanto sucesso que se transformou também em programa de rádio: 'Nossos Irmãos Animais', na Rede Boa Nova."

Prece no plano espiritual

Segundo relato de Marcel Benedeti em seu primeiro livro — *Todos os Animais Merecem o Céu*[169] —, a prece transcrita a seguir foi emitida ao final de uma palestra realizada no plano espiritual pelo espírito Francisco de Assis.

Louvado seja Deus na Natureza, mãe gloriosa e bela da beleza
e com todas as suas criaturas.
Pelo irmão Sol, o mais bondoso, o verdadeiro, o belo,
que ilumina criando a pura glória. A luz do dia!
Louvado seja Deus pelas irmãs estrelas, belas, claras irmãs
silenciosas e luminosas, suspensas no ar.
Pela irmã Lua, que derrama o luar.
Louvado seja pela irmã nuvem, que há de dar-nos
a fina chuva que consola.
Pelo céu azul e pela tempestade, pelo irmão vento,
que rebrama e rola.
Louvado seja pela preciosa e bondosa água, irmã útil e bela,
que brota humilde, casta e se oferece a todo
que apetece o gosto dela.
Louvado seja pela maravilha que rebrilha no lume
o irmão ardente, tão forte, que amanhece a noite escura
e tão amável, que alumia a gente.
Louvado seja pelos seus amores.
Pela irmã Madre Terra e seus primores, que nos ampara
e oferta seus produtos, árvores, frutos, ervas, pão e flores.
Louvado seja pelos que passaram por tormentos
do mundo doloroso
e contentes, sorrindo, perdoaram.
Pela alegria dos que trabalham.

---

169 BENEDETI, Marcel. *Todos os animais merecem o céu*. 11ª ed. São Paulo: Mundo Maior, 2012, p. 270.

Pela morte serena dos bondosos.
Louvado seja Deus na mãe querida, a Natureza,
que fez bela e forte.
Louvado seja Deus pela vida.
Louvado seja Deus pela morte.

Anexo A
Jornal de Estudos Espíritas Gabriel Delanne[170]

Publicação semestral: número 9, março de 2007
– Título protegido pelo INPI
Instituto Amélie Boudet de Pesquisa e Ensino Espírita[171]

Finalidades

Este jornal foi iniciado pelos Espíritos superiores, dentre eles o Espírito Gabriel Delanne, que assumiu a responsabilidade de sua direção[172] para o trabalho de difusão do Espiritismo sob o seu aspecto científico.

Objetivos

Não dissociar o aspecto científico de seus corolários filosóficos e morais, em razão do tríplice aspecto do Espiritismo definido por Allan Kardec[173]. A conclusão abrirá sistematicamente um questionamento sobre as consequências filosóficas e morais formuladas pelo tema tratado em qualquer número do jornal.

Método

O título de cada número é ditado vários meses antes, pelo Espírito Gabriel Delanne[174], durante as reuniões mediúnicas

170 Nota: Texto em francês traduzido por Madalena Parisi Duarte, em 9.11.2015. Autorização de tradução e publicação no site da Associação Espírita Encontro Fraterno (www.encontrofraterno.org.br) obtida em 24.07.2019.
171 As notas deste anexo encontram-se ao final do texto.
172 Comunicação espiritual recebida no Instituto Amélie Boudet, em reuniões mediúnicas de 23 de fevereiro e 21 de novembro de 2005.
173 KARDEC, A. Qu'est-ce que le spiritisme (O que é o espiritismo), Tours, Edições da USFF (União Espírita Francesa e Froncófona), sem data, p. 6.
174 Identidade controlada segundo o princípio da concordância, definido por Allan Kardec no L'Evangile selon le spiritisme (O Evangelho segundo o espiritismo), Paris, Edições A Diffusion Scientifique (Edições A Difusão Científica), 1990, Introduction (Introdução), pp. 11 a 17.

organizadas no Instituto Amélie Boudet, assim como o plano e uma razoavelmente grande parte do conteúdo. Para o presente número, a bibliografia foi ditada ou inspirada em sua totalidade. As comunicações sobre os animais foram especialmente dadas durante duas reuniões mediúnicas.

A alma dos animais e a alma humana
Uma diferença de nível evolutivo

Durante muito tempo, eles eram considerados como autômatos biológicos guiados por seus instintos, mas, de acordo com recentes descobertas científicas, esse conceito sofreu uma reviravolta. Elas demonstram que os animais possuem uma "cultura", uma vida social, uma subjetividade, uma forma de consciência.[175] Teriam os animais uma alma e seriam eles de fato próximos do homem em termos de inteligência, de capacidades e de sentimentos, como imaginávamos anteriormente? O termo "bichos" para qualificar os animais será banido?

Definição de termos-chave:

Animais: São "[...] seres vivos compostos de matéria inerte, dotados de vitalidade, [que] possuem uma espécie de inteligência instintiva limitada, e a consciência de sua existência e de sua individualidade [...]"[176]

Homem: Ele domina o animal "por uma inteligência especial, que lhe dá a consciência de seu futuro, a percepção das coisas extramateriais e o conhecimento de Deus".[177]

Espírito: É o princípio inteligente individualizado, que sobrevive à morte do corpo físico. Ele pulsa no elemento inteligente universal. É a sede da personalidade, da inteligência e do sentimento. Há uma diferença de nível evolutivo entre o Espírito do animal e o do homem, razão pela qual utilizaremos o termo Espírito em via de evolução humana[178] para qualificar

175 DE PRACONTAL, M. Quand les animaux pensent (Quando os animais pensam), Le Nouvel Observateur (O Novo Observador) n° 200, 4-10 de janeiro de 2007, pp. 10 a 13.
176 KARDEC, A. Le Livre des Esprits (O Livro dos Espíritos), Edições Dervy-Livros, 1987, capítulo XI, comentários de A. Kardec à resposta da questão n° 585.
177 Ibidem.
178 Termo indicado pelos Espíritos instrutores na reunião do Instituto Amélie Boudet de 22 de maio de 2006.

O Animal na Casa Espírita

o princípio inteligente do animal.

Perispírito: Perispírito é o envoltório semimaterial do Espírito. Ele é o agente do Espírito encarnado, seu intermediário nas suas ações e relações com o corpo físico. É por esse envoltório que o Espírito transmite aos órgãos os movimentos que são a expressão de sua vontade. É também por esse envoltório que as sensações do corpo se transmitem ao Espírito.

Alma: Qualificativo do Espírito quando está encarnado num corpo físico. Falaremos da alma animal e da alma humana...

Desencarnação: É a separação da alma e do corpo físico no momento da morte. A alma volta, então, a ser Espírito e retorna ao mundo espiritual de onde se originou. O Espírito do Homem retoma sua liberdade ao nível evolutivo por ele alcançado. O Espírito do animal não tem consciência de seu estado. Ele é levado pelos Espíritos superiores ao plano fluídico correspondente à sua espécie e "reencarna" rapidamente em uma categoria animal[179] que possibilite a continuidade de sua evolução até o estado de humanização.

1. Introdução

É somente em meados do século XIX que nascem as primeiras leis de proteção aos animais. Essas leis são desenvolvidas e continuam a evoluir muito lentamente. De fato, podemos constatar que incontáveis animais ainda são maltratados ou mortos para servir de matéria-prima à indústria cosmética ou têxtil e para alimentar uma grande parte da população. Mesmo se o homem precise matar os animais para se alimentar, isso não significa que deva abusar disso. A pesca e a caça excessivas que provocam a extinção de numerosas espécies são dos mais infelizes exemplos atuais. A cada ano, "cerca de um bilhão e oitenta milhões de mamíferos e pássaros, e quatrocentas e dez mil toneladas de peixes"[180] são mortos na França.

Outros animais são criados para servir de cobaias em laboratórios de pesquisa experimental (ratos, camundongos

---

179 Ibidem.
180 BURGAT, F. En Débat (Em debate), Le Monde diplomatique (Le Monde diplomático), fevereiro de 2004, p. 24.

etc.) São submetidos a tratamentos dolorosos – presos em jaulas e submetidos a eutanásia quando se tornam "inutilizáveis". A despeito de todas essas atrocidades, aqui e ali surgem protestos cada vez mais numerosos de associações de proteção e de defesa dos animais. Essas associações se mobilizam para que os animais selvagens em via de extinção sejam protegidos, e para que os animais de estimação não sejam mais abandonados. Outras associações fazem valer o

papel essencial que os animais de estimação podem ocupar junto a doentes e pessoas com deficiência. Dessa forma, fica demonstrado que os animais podem desempenhar um papel terapêutico em participar ou iniciar um processo de cura ou de reintegração de seus tutores enfraquecidos. Eles se constituem em preciosos auxiliares para as tarefas diárias, e oferecem uma presença reconfortante e afetuosa a essas pessoas. Substituem, às vezes, uma presença que faz falta. Os animais de estimação, notadamente, devido à sua proximidade com o Homem, ocupam um lugar particular na sociedade humana. Sua organização anatômica e fisiológica apresenta incontáveis pontos em comum com os homens.

2. Pontos comuns entre os animais e os homens

O homem, tal como os animais vertebrados,[181] é constituído de diversos aparelhos ou sistemas que realizam as três funções essenciais à vida: a função de relação; a função de nutrição; e a função de reprodução.

181 O conjunto de animais que possuem vértebras.

A função de reprodução possibilita a perpetuação da espécie, graças aos aparelhos genitais macho e fêmea, no animal; masculino e feminino, no ser humano. A gestação pode ter durações diferentes, porém, nas primeiras fases da vida fetal é impossível distinguir um embrião humano daquele de um cão ou de qualquer outro vertebrado.

A função de nutrição possibilita aos animais, assim como aos homens, nutrirem-se para manter o corpo físico vivo. Ela se efetua com a ajuda do aparelho circulatório, que veicula o sangue nos tecidos graças a uma vasta rede de vasos sanguíneos. O aparelho respiratório assegura continuadamente a entrada de dioxigênio[182] no organismo e rejeita o dióxido de carbono[183]. O aparelho digestivo transforma os alimentos em nutrientes, moléculas simples que, em seguida, alcançam a corrente sanguínea. O aparelho digestivo rejeita, sob a forma de fezes, as substâncias que não são digeridas. O aparelho urinário elimina os dejetos celulares e as substâncias tóxicas transportadas pelo sangue. Ele elabora a urina e a transporta para o exterior do organismo. O sistema endócrino, constituído de diversas glândulas endócrinas, regula numerosos processos biológicos, como os do crescimento.

A função de relação possibilita a comunicação, a vida em grupo ou em sociedade. Ela precisa da ajuda de muitos órgãos para se exercer: a pele, que forma a camada externa do corpo físico e o protege das agressões externas; os sentidos (audição, visão, olfato e tato), que fornecem informação sobre os estímulos; os ossos, que formam o esqueleto e servem de proteção aos órgãos internos; as articulações e os músculos, que asseguram os movimentos conjuntos do corpo; o sistema imunológico, que protege o organismo dos agentes infecciosos e das agressões externas; o sistema nervoso, que se comporta como um verdadeiro maestro, coordenando e regulando todas as funções do organismo. Ele reage às alterações internas e externas, provocando, pela ação de certos hormônios, as respostas apropriadas. É idêntico ao do homem em nível de forma, porém, é bem menor e menos sofisticado. Ele as-

---

182 É o oxigênio necessário à vida das células humanas e animais.
183 Trata-se de um gás tóxico resultante das trocas gasosas e que deve ser eliminado pelo organismo.

segura assim, nos animais, a coordenação da função de relação. Gabriel Delanne, em *Evolução Anímica*, demonstra que as propriedades marcantes do sistema nervoso não poderiam subsistir, na matéria mutante e incessantemente renovada, se não tivessem seu fundamento na natureza estável do perispírito. Pode-se, pois, dizer que o perispírito mantém todas as funções citadas e que ele contém o princípio inteligente tanto no homem, quanto no animal.

3. O princípio inteligente no animal

Como esse princípio inteligente se desenvolve? O que dizem os Espíritos superiores sobre este assunto nas obras da codificação espírita?

A inteligência do homem e a do animal emanam de um único princípio. A única diferença reside no fato de que no homem tal princípio é mais elaborado. É por essa razão que as faculdades intelectuais dos animais são inferiores às do homem. Os animais não têm mais do que a inteligência material, enquanto no homem a inteligência é acompanhada da vida moral.

Assim sendo, os animais não possuem o livre-arbítrio quanto aos seus atos; entretanto, não são simples máquinas. Ainda que sua liberdade de ação seja limitada e que não possa ser comparada à liberdade do homem, eles são seres vivos com direitos. O princípio inteligente encarnado no corpo físico de um animal é chamado de "alma animal".

O princípio inteligente que anima os animais e que dirige a função de relação por intermédio do perispírito e do sistema nervoso lhes dá a capacidade de sentir determinados sentimentos. Os animais selvagens, como os grandes macacos, possuem uma morfologia, uma inteligência e sentimentos que se aproximam dos sentimentos dos homens; porém, eles vivem em estado selvagem, em locais bastante remotos, longe dos homens. Os animais de estimação, em razão de sua proximidade com os homens, desenvolvem mais capacidades, como a inteligência, a reflexão, a curiosidade, a memória, a atenção, a imaginação, o raciocínio, o julgamento, a associação de ideias. Mesmo tendo uma linguagem rudimentar, suas faculdades podem ser aumentadas com exercícios repetidos. De outro modo, eles possuem também faculdades sentimentais: amor ao próximo, sentimento estético, amor-próprio. Pesquisas científicas, realizadas com grandes macacos e também com cães, demonstram que a inteligência animal existe de fato.

4. Resultados das últimas pesquisas científicas

Abundante literatura se desenvolve em torno de animais como os golfinhos, os grandes macacos e mesmo os papagaios, que possuiriam características que incluem a consciência de si como indivíduos, a capacidade de sentir emoções e de se comunicar com o uso de uma linguagem simbólica. Os estudos científicos realizados com chimpanzés demonstraram que "o seu DNA é 98,5% semelhante ao nosso. De acréscimo, eles têm um comportamento mental e cultural comparável ao do ser humano"[184]. Outras pesquisas relativas aos animais de estimação e, mais particularmente, sobre as capacidades dos cães, demonstram que embora eles sejam menos inteligentes que os chimpanzés e menos dotados quanto a resolver problemas, em razão de sua proximidade com o homem na vida cotidiana, eles se tornam capazes de resolver certos problemas melhor que os chimpanzés.

Os cães são capazes de decifrar a comunicação humana quase como uma criança de cinco anos. Um estudo realizado por dois pesquisadores[185] do Instituto Max Planck de Antropologia, de Leipzig, demonstrou que a espécie canina demonstra ser "socialmente mais próxima do homem que o chimpanzé [...]" Estabeleceu-se que "o cão educado com os homens é iniciado às suas formas de comunicação. [...] o cão consegue mais sucesso quando convive com os homens. [...] A atitude marcante do cão ao se comunicar com o homem pareceria inata, ou, pelo menos, presente desde a tenra idade do animal (a partir da 9ª semana)". Conhecimentos trazidos pelos Espíritos instrutores com vista à edição deste *Jornal de Estudos Espí-*

184 FRANCIONE, GARY L. *Humanité, animalité, quelles frontières?* (Humanidade, animalidade, quais as fronteiras?), *Le Monde diplomatique* (Le Monde diplomático), fevereiro de 2004, pp. 24-25.
185 HARE, B. et Tomasello, M. Human-like social skills in dogs? (Habilidades sociais em cães?) em Trends in Cognitive Science (Tendências em Ciência Cognitiva) (Citado por *Le Nouvel Observateur* (O Novo Observador) n° 2200, 4 a 10 de janeiro de 2007, p. 19)

ritas n° 2, assim como extratos de *O Livro dos Espíritos* nos possibilitam trazer complementos a essas pesquisas.

5. Complementos espíritas

Estes conhecimentos foram trazidos durante reuniões mediúnicas realizadas no Instituto Amélie Boudet[186] de Pesquisa e Ensino Espírita. Os Espíritos instrutores nos solicitaram para insistir "sobre a necessidade de moralizar os animais de estimação por meio de seu contato com o Homem, bem como sobre a necessidade de iniciá-los no amor, na bondade, mas também de educá-los fazendo-os respeitar certas regras – porque estas os preparam para as futuras encarnações humanoides, ou seja, transitórias entre o estágio animal e o estágio humano. Todos os comportamentos acumulados se registram no perispírito dos animais de estimação, e constituem a experiência dos seres humanoides. Daí a importância do papel dos seres humanos, aos quais é reservada a função de educadores desses futuros seres humanos.

O homem tem em si uma imensa responsabilidade dada pela Divindade. Ele tem deveres para com eles, o que implica prestação de contas. Ter um animal de estimação em seu lar é uma missão e uma obra de caridade. Um animal que registra emoções positivas em quantidade tem um perispírito banhado por eflúvios de amor. Isto refina seu perispírito e lhe possibilita ter acesso a um estágio posterior, a uma forma fluídica mais e mais próxima do estágio do ser humano. Os animais de estimação chegaram a um estágio suficiente. Eles encarnam no meio humano para se beneficiar da ajuda humana e da atmosfera do meio humano para progredir e se preparar para a humanização. A evolução da alma animal precisa do auxílio do homem para desenvolver o sentimento, os hábitos que preparam o perispírito a se revestir da energia e da matéria necessárias para a harmonização com o envoltório humano. Os animais de estimação (cães e gatos, em particular) possuem um perispírito diferente do perispírito dos outros animais".

---

186 Comunicação mediúnica recebida por intuição em 18 de março de 2005, com a finalidade de estudo em comum sobre a evolução anímica. Reunião mediúnica do departamento experimental do Instituto A. Boudet, em 13 de fevereiro de 2007. Reunião mediúnica do departamento doutrinário e filosófico do Instituto A. Boudet, em 27 de fevereiro de 2007.

O Animal na Casa Espírita

Aliás, seu estatuto de "Companheiros do Homem" lhes dá um lugar particular no seio de inúmeros lares. Todas as pessoas que têm animais de estimação e, mais particularmente, cães e/ou gatos observam, diariamente, as capacidades e os sentimentos de seus companheiros de quatro patas.

6. Testemunho de uma tutora de animais de estimação

Madame V[187] deu-nos o exemplo de seu gato chamado Réglisse, adotado havia dois anos. Durante dois meses, Réglisse se recusou a ter sob sua proteção uma gatinha, igualmente adotada por Madame V com um mês de idade, chamada Cannelle. Depois de um período de demonstração do sentimento de ciúme, Réglisse aceitou, pouco a pouco, a presença daquela. Ele lhe dava bom dia todas as manhãs e a lambia afetuosamente; dividia com ela sua refeição matutina e a incitava a brincar no jardim. Réglisse mantém com ele um lado selvagem, pois costuma sair para o campo o dia inteiro e volta somente à noite.

Depois de ter posto Cannelle sob sua proteção, Réglisse começou a voltar com mais frequência à casa durante o dia, e ajudou Cannelle a adquirir certos procedimentos, como o de subir em árvores, o que a gatinha tinha medo de fazer. Certo domingo à tarde, enquanto estava numa árvore, Réglisse empurrou bruscamente Cannelle, a fim de içá-la para um galho superior. Cannelle foi pega de surpresa, mas fez um esforço e passou na prova com sucesso. Réglisse olhou para ela com ternura e lhe fez sinal com a patinha, para que descesse até reencontrá-lo um pouco abaixo. Cannelle olhou para Réglisse com confiança e desceu sozinha da árvore, com certa autoconfiança. Réglisse se aproximou de Cannelle e lhe fez um gesto com a pata, significando que tentasse subir novamente, desta vez sozinha. Cannelle, então, subiu na árvore sozinha e refez a proeza. Com movimentos da pata, Réglisse induz Cannelle a juntar-se a ele, e então a puxa com a pata dianteira. E Cannelle se aconchega a Réglisse. Este exemplo demonstra a inteligência e o sentimento com os quais Réglisse mostrou ter um

---

187 Este testemunho nos foi dado por uma pessoa que assiste regularmente às conferências do Instituto Amélie Boudet. (Para mais informações: http://institutamelieboudet.free.fr).

papel de educador. Ele desenvolveu capacidades pedagógicas, utilizou um método de aprendizagem, ajudou, estimulou, garantiu, fortaleceu sua aluna para que aprendesse a subir na árvore. Mesmo na ausência da fala, a comunicação e a troca ocorreram por meio de olhares, gestos e sentimentos.

Quando os animais envelhecem ou ficam gravemente doentes, é frequentemente com muita tristeza e apreensão que seus tutores aceitam a inevitabilidade da morte de seus queridos companheiros. Um grande número de tutores, sobretudo quando creem na imortalidade da alma, pensam que reencontrarão seu animal no mundo espiritual.

Mas, aonde vai a alma depois de sua desencarnação?

7. O que é feito da alma dos animais após a desencarnação?

Os Espíritos superiores explicam, em *O Livro dos Espíritos*, na questão 600, que a alma do animal, após a desencarnação, entra numa espécie de erraticidade, visto que não está mais unida a um corpo, mas que não é um Espírito errante, que pensa e age por sua livre vontade. "O Espírito do animal é classificado após sua morte por Espíritos disso encarregados e rapidamente utilizado; ele não tem oportunidade de entrar em contato com outras criaturas", mas conserva sua individualidade. O Espírito do animal pode aparecer ao seu tutor de maneira fugaz. Ernesto Bozzano[188] cita muitos casos de materialização de animais, mas essas aparições são sempre provocadas e dirigidas pelos Espíritos superiores.

O Espírito do animal em via de evolução humana segue, assim, uma lei progressiva, tal qual o homem, e ele será levado a se reencarnar em diferentes espécies terrestres, correspondentes ao plano evolutivo que lhe será atribuído pela Divindade. Como é preparada a humanização dos animais de estimação, e onde ela acontece?

Após várias encarnações na Terra, os animais de estimação são preparados para a humanização em mundos superiores, nos quais continuam a evoluir. São, em seguida, encarnados em mundos transitórios, onde se produz a transformação

---

188 Ver BOZZANO, E. Les manifestations métapsychiques des animaux (As manifestações metapsíquicas dos animais), 85 páginas, consultável em *Encyclopédie spirite* (Enciclopédia espírita).

O Animal na Casa Espírita   203

do perispírito (perispírito da espécie animoide) em perispírito da espécie humanoide[189]. Nesses mundos, eles adquirem as qualidades que lhes faltam para se tornar um ser humano: autoconhecimento; perfectibilidade; sentimento do bem e do mal. Os Espíritos superiores ensinam, também, que os animais "que evoluem mais depressa nesses planetas de transição são os que foram animais de estimação mais bem educados, que foram iniciados no amor" e que "os animais de estimação, em particular o cão e também o cavalo, são os que alcançaram o grau de evolução mais elevado sobre a nossa Terra. Do modo como forem educados, amados, eles poderão chegar mais rapidamente ao estágio humanoide"[190]. Assim, o animal é, de fato, um ser de origem divina que caminha para a humanização.

8. Conclusão

Nós constatamos que a Ciência se debruça sobre este assunto e que as recentes descobertas (menos de um decênio) abrem sérias perspectivas que poderão mudar o olhar e o comportamento da sociedade humana diante dos animais em geral, e dos de estimação, em particular. Isto abre um vasto campo de reflexão, e o homem contemporâneo não poderá mais se isentar, em vista das descobertas científicas que demonstram que os animais "pensam" e que os animais de estimação têm capacidades e sentimentos próximos aos do homem.

Nós pensamos como Ernesto Bozzano, que "[...] para reconhecer essa verdade fundamental da evolução da vida nos mundos, é preciso desvincular nosso espírito das doutrinas pueris aprendidas durante a adolescência, segundo as quais a alma é criada do nada, no instante do nascimento. [...] É, por acaso, anticientífico supor que a evolução biológica da Espécie, ilustrada pela Ciência, seja governada por uma evolução correspondente e paralela do Espírito, que se individualiza gradual e lentamente, adquirindo consciência de si mesmo sempre mais forte, graças à acumulação de uma série de ex-

---

189 Reunião mediúnica do departamento experimental do Instituto A. Boudet, em 13 de fevereiro de 2007.
190 Ibidem.

periências adquiridas na passagem através de uma infinidade de existências animais"[191] para chegar ao estágio da existência humana?

"Os homens de ciência que professam convicções materialistas sustentam, frequentemente, que o Espírito dos animais, como o dos homens, por ser uma simples função do órgão cerebral, deixa de existir quando o órgão em questão deixa de funcionar após a morte[192] [...]. Eles estão redondamente enganados." Essa convicção pode acarretar desvios de inúmeras situações éticas: os maus-tratos que abrangem muitas formas (abandono, violência, adestramento para luta; prisão em jaulas, tráfico de órgãos, experimentações científicas); a eutanásia sob pressão, quando os canis das sociedades protetoras de animais estão lotados de animais abandonados por seus tutores a caminho das férias, ou quando eles estão doentes ou muito velhos para ser úteis.

O projeto com grandes macacos, iniciado por Jane Goodall, revela que "os animais dotados de reflexão similar à nossa devem, de nossa parte, ser objeto de consideração moral e de proteção legal maior." Tudo isso deve levar os Homens a compreenderem melhor a responsabilidade que lhes cabe no papel de educadores e de protetores de seres vivos em via de humanização. Todos esses problemas éticos levantam a necessidade de afirmar os direitos dos animais como seres vivos, direitos esses que a sociedade deve respeitar. Entre eles, os principais são: o respeito à vida; o bem-estar; e a educação.

À luz do Espiritismo, esses problemas de ordem filosófica e moral encontram respostas que residem no respeito à vida de futuros seres humanos. A natureza pensante dos animais é da mesma ordem da dos homens, e dela não difere essencialmente, mas somente pelo grau de sua manifestação. Todo sofrimento imposto aos animais de estimação, companheiros do homem, deixa traços em seus perispíritos e retarda seu processo de humanização. Eles tornam também mais difícil seu retorno aos planos fluídicos espirituais a eles destinados,

---

191 BOZZANO, E. *Les manifestations métapsychiques des animaux* (*As manifestações metapsíquicas dos animais*), *Encyclopédie spirite* (*Enciclopédia espírita*) (www.spiritisme.net), p.87.
192 Ibidem.

adiando os prazos de preparação à transição que conduz à humanização.

Fátima Medjahed
Presidente do Instituto Espírita Léon Denis – Tours, França
Publicado em:
http://www.institutamelieboudet.fr/pages/scientifique.htm

Journal d'études spirites «Gabriel Delanne»
(Jornal de Estudos Espíritas «Gabriel Delanne»)
Directrice de la publication: Karine Maillard
(Diretora de publicação: Karine Maillard)
Rédactrice en chef: Leïla Chraibi
(Chefe de redação: Leila Chraibi)
Tiragem: 100 exemplares
Preço: 1 euro simbólico
http://institutamelieboudet.free.fr

Anexo B
Relação de livros para estudo e/ou formação de biblioteca temática

1) Essenciais para conhecimento do espiritismo: básicos da codificação espírita — Allan Kardec:

Que é o espiritismo. Ed. do Conhecimento
O livro dos espíritos: filosofia espiritualista. FEB
O livro dos médiuns, ou, guia dos médiuns e dos evocadores: espiritismo experimental. FEB
O evangelho segundo o espiritismo. Ed. do Conhecimento
O céu e o inferno, ou, a justiça divina segundo o espiritismo. FEB
A gênese: os milagres e as predições segundo o espiritismo. FEB
Revista Espírita (12 volumes). FEB
Obras póstumas. FEB

2) Bibliografia temática:

Irmãos menores animais (autores espíritas)
Alma dos animais, A. Irvênia Prada. Ed. O Clarim
Alma dos animais, A. A. Jean Prieur. Ed. Lachâtre
Alvorada do reino. Emmanuel/Francisco Cândido Xavier
Amigo fiel. Lucas/Osmar Barbosa
Amor pelos animais, O. Ricardo Orestes Forni. Ed. EME
Animais, amor e respeito. Eurípedes Kühl. Ed. LCB
Alma dos animais: estágio anterior da alma humana? Paulo Neto. Ed. GEEC
Animais conforme o espiritismo, Os. Marcel Benedeti. Ed. Mundo Maior
Animais e espiritismo. Rodrigo Cavalcante de Azambuja. Ed. EME

Animais na obra de Deus, Os. Gesiel Andrade. Ed. EME
Animais no mundo espiritual. Marcel Benedeti. Ed. Mundo Maior
Animais, nossos irmãos. Eurípedes Kühl. Ed. Petit
Animais têm alma, Os. Ernesto Bozzano. Publicações Lachâtre
Animais: tudo o que você precisa saber. Marcel Benedeti. Ed. Mundo Maior
Caminho da luz, A. Emmanuel/Francisco Cândido Xavier
Chico Xavier, o amigo dos animais. Carlos Baccelli. Ed. LEPP
Conduta espírita. André Luiz/Waldo Vieira. FEB
Conheça a alma dos animais. Severino Barbosa. Ed. EME
Crônicas de além-túmulo. Irmão X. FEB (cap. "Treino para a morte")
Curando animais com a homeopatia. Marcel Benedeti. Ed. Mundo Maior
Depois da morte. Léon Denis. FEB
Desencarnação dos animais, A. Fabrício (espírito)/Janete Maria M. Figueiredo (médium). Ed. do Conhecimento
Emmanuel. Psicografia de Francisco Cândido Xavier. FEB
Errar é humano... Perdoar é canino. Marcel Benedeti. Ed. Mundo Maior
Espírito dos animais com Manda-Chuva. Luís Hu Rivas (infantil). Ed. Boa Nova
Espiritualidade dos animais, A. Marcel Benedeti. Ed. Mundo Maior
Evangelho dos animais, O. Sandra Denise Calado/Equipe ASSEAMA. Lena Gráfica Editora Ltda.
Evolução anímica. Gabriel Delanne. Ed. do Conhecimento
Evolução em dois mundos. André Luiz/Francisco Cândido Xavier/Waldo Vieira. FEB
Fenômenos espíritas no mundo animal. Carlos Bernardo Loureiro. Ed. Mnêmio Túlio
Filhos de Gautama. João Berbel/Augusto Drumond. Ed. Farol das 3 Colinas
Fisiologia da alma. Ramatís. Ed. do Conhecimento
Gênese da alma. Cairbar Schutel. Ed. O Clarim
Histórias animais. Marcel Benedeti. Ed. Mundo Maior
Livreto *"Paz e Amor, Bicho!" – A alimentação à luz do Cos-*

mo. Distribuição gratuita: conhecimento@edconhecimento.com.br – www.edconhecimento.com.br

Mecanismos da mediunidade. André Luiz/Waldo Vieira/ Francisco Cândido Xavier. FEB

Mediunidade: vida e comunicação. Herculano Pires. Edicel

Mensageiros, Os. André Luiz/Francisco Cândido Xavier. FEB

Meus amigos inteligentes. Marcel Benedeti. Ed. Mundo Maior (obra póstuma)

Mistério do ser ante a dor e a morte. Herculano Pires. Ed. Paideia

No invisível. Léon Denis. FEB

No mundo maior. André Luiz/Francisco Cândido Xavier. FEB

Nos domínios da mediunidade. André Luiz/Francisco Cândido Xavier. FEB

Nosso lar. André Luiz/Francisco Cândido Xavier. FEB

Qual a sua dúvida para o tema: a espiritualidade dos animais? Marcel Benedeti. Ed. Mundo Maior

Questão espiritual dos animais, A. Irvênia Prada. Ed. FE

Todos os animais merecem o céu. Marcel Benedeti. Ed. Mundo Maior

Todos os animais são nossos irmãos. Ed. Mundo Maior

Tudo o que vive é teu próximo. Ramatís. Ed. do Conhecimento

Vida no outro mundo, A. Cairbar Schutel. Ed. O Clarim

Vida e a alma dos animais, A. Celso Martins. Ed. EME

Anexo C
Sugestão de ficha cadastral

Associação Espírita
Encontro Fraterno

FICHA CADASTRAL
ATENDIMENTO AOS IRMÃOS MENORES ANIMAIS

Nome tutelado(a): _____ Idade: _____

Raça: _____ Espécie: _____ Sexo: _____

Nome tutor(a): _____ Telefone: _____

Endereço: _____

E-mail: _____

Data 1ª visita: _____

Veterinário responsável: _____

Motivo do tratamento: _____

Observações: _____

_____

_____

_____

Anexo D
Registros de retorno para o passe

Associação Espírita Encontro Fraterno

REGISTROS DE RETORNO PARA O PASSE

Data do primeiro atendimento: ___/___/___

Tutelado(a) _____

Tutor(a) _____

Espécie: Canina ( ) Felina ( ) Outros: ( )

Você está iniciando um tratamento para seu(sua) tutelado(a) no Cantinho de Francisco de Assis, devendo trazê-lo por pelo menos cinco vezes para o passe, no atendimento realizado sempre no primeiro e terceiro sábado do mês.

Controle da quantidade de passes recebidos:

___/___/___   ___/___/___   ___/___/___   ___/___/___

___/___/___   ___/___/___   ___/___/___   ___/___/___

Anexo E
Sugestão de oração para abertura dos trabalhos

(Agradecendo, primeiramente, a Deus, a Jesus, a Francisco de Assis e aos irmãos zoófilos)

ROGATIVA A FRANCISCO DE ASSIS

Amado Francisco de Assis,
discípulo dileto de nosso Mestre Jesus,
a ti, humildemente, rogamos
inspiração e roteiro seguro
em todos os estudos e ações
que viermos a realizar em favor
de nossos irmãos menores animais!

Possamos nós, amado Benfeitor,
sob a tua luz e o teu amor,
caminhar firmes e perseverantes,
a fim de que nossas iniciativas
se transformem em exemplos claros e luminosos,
capazes de despertar as consciências
de nossos irmãos humanos
quanto ao amor que nos merecem
todos os nossos irmãos menores animais.

Que assim seja!

Anexo F
Sugestão de preces para a equipe de passe

Frase de preparação:
Que a luz divina nos envolva, transformando nossa energia magnética em energia fluídica.

Passe a distância:
Pedimos que sejam cortadas todas as ligações negativas. vamos emitindo muita luz ao plano espiritual, luz imantada de paz, amor e compreensão. neste momento, Jesus nos convida à renovação de nossos sentimentos, por meio do perdão e do esquecimento de mágoas e ofensas.

Rogamos aos espíritos benfeitores que possam ir à natureza e recolher dela todas as substâncias positivas para levar aos tutores e aos tutelados o fortalecimento do corpo e do espírito.

Neste instante, Jesus envia seus mensageiros até os lares de nossos irmãos menores animais, envolvendo-os com muita luz e amor.

Que assim seja, graças a Deus!

Vibração pelos irmãos menores animais desaparecidos.

Apelo aos Espíritos Zoófilos pela abertura do Portal para os irmãos menores animais que fizeram a transição.

Prece de encerramento:
Deus Todo-Poderoso, que nos concedeste o dom de identificar em todas as criaturas do Universo um reflexo da luz do Teu amor; que confiaste a nós, humildes servos da Tua infinita bondade, a guarda e proteção das criaturas do planeta, permiti que, através de nossas mãos imperfeitas e de nossa limitada percepção humana, possamos servir de instrumentos para que a Tua divina misericórdia recaia sobre estes animais

tutelados e seus tutores. E que, através de nossos fluidos vitais e os dos benfeitores espirituais, possamos envolvê-los em uma atmosfera de energia revigorante, para que seu sofrimento se desfaça e sua saúde se restabeleça.

Que, dessa forma, se cumpra a Tua vontade, com o amparo dos bons espíritos que nos cercam.

Que assim seja!

Anexo G
Instruções para a prática do Evangelho no Lar

EVANGELHO NO LAR[1]

A prática do Evangelho em casa – pelo menos uma vez por semana – ser-vos-á uma fonte de alegria e bênçãos.

Renovemos o contato com os ensinamentos de Jesus, tanto quanto nos seja possível, e não somente o lar que nos acolhe se transformará em celeiro de compreensão e solidariedade, mas também a própria vida se nos fará luminoso caminho de ascensão à felicidade real.

Batuíra

---

[1] Mensagem psicografada por Chico Xavier. Do livro *Mais Luz*, Ed. GEEM

O que é Evangelho no Lar?

É uma reunião fraterna dos componentes da família, sob o amparo de Jesus. Por que é bom fazê-lo?

Para compreender e sentir o Evangelho, a fim de melhor vivenciá-lo.

Para melhor proteção do lar, pelos bons pensamentos, favorecendo a presença dos Mensageiros do Bem.

Para obter o amparo necessário nos momentos difíceis, de acordo com a recomendação de Jesus:

"Orai e Vigiai".

Para unir sempre mais os participantes do lar, propiciando um convívio mais amoroso.

Roteiro

• Escolher um dia da semana e horário para a reunião com os familiares.
A pontualidade e a assiduidade são muito importantes.
• Providenciar uma jarra de água para fluidificação.
• Fazer uma prece de abertura.
• Ler um trecho de *O Evangelho Segundo o Espiritismo*" e/ou uma mensagem de um livro de Chico Xavier (*Luz no Lar, Jesus no Lar*, por exemplo).
• Comentar os trechos lidos.
• Fazer a prece de encerramento, rogando a Jesus proteção para o lar, parentes, amigos, doentes etc.
• Servir a água fluidificada aos presentes.
Duração: de 15 a 30 minutos.

Observações

1. É desaconselhável qualquer manifestação mediúnica durante a reunião.
2. Se chegar alguma visita, pode-se convidá-la a participar da reunião. Em caso de recusa, pedir à visita para aguardar alguns momentos e retomar a reunião.

Jesus Contigo[193]
Joanna de Ângelis (Psicografia de Divaldo P. Franco)

Dedica uma das sete noites da semana ao "CULTO EVAN-GÉLICO NO LAR", a fim de que Jesus possa pernoitar em tua casa.

Prepara a mesa, coloca água pura, abre o Evangelho, distende a mensagem da fé, enlaça a família e ora. Jesus virá em visita.

Quando o lar se converte em santuário, o crime se recolhe ao museu. Quando a família ora, Jesus se demora em casa. Quando os corações se unem nos liames da fé, o equilíbrio oferece bênçãos de consolo e a saúde derrama vinhos de paz para todos.

Jesus no lar é vida para o lar.

Não aguardes que o mundo te leve a certeza do bem invariável. Distende da tua casa cristã a luz do Evangelho para o mundo atormentado.

Quando uma família ora em casa, reunida nas blandícias do Evangelho, toda a rua recebe o benefício da comunhão com o alto.

Se alguém num edifício de apartamentos, alça aos céus a prece da comunhão em família, todo o edifício se beneficia, qual lâmpada ignorada, acesa na ventania.

Não te afastes da linha direcional do Evangelho entre os teus familiares. Continua orando fiel, estudando com os teus filhos e com aqueles a quem amas as diretrizes do Mestre e, quando possível, debate os problemas que te afligem à luz clara da mensagem da Boa Nova, e examina as dificuldades que te perturbam ante a inspiração consoladora de Cristo.

Não demandes à rua nessa noite, senão para os inevitáveis problemas que não possas adiar. Demora-te no lar para que o Divino Hóspede aí também se possa demorar.

E, quando as luzes se apagarem à hora do repouso, ora mais uma vez, comungando com Ele, como Ele procura fazer, a fim de que, ligado a ti, possas em casa, uma vez por semana em sete noites, ter Jesus contigo.

---

193 Mensagem extraída do livro *Messe de Amor* (1964).

Anexo H
Sugestão de folheto informativo aos tutores

ASSOCIAÇÃO ESPÍRITA ENCONTRO FRATERNO

Cantinho de
FRANCISCO DE ASSIS

TRATAMENTO E ASSISTÊNCIA ESPIRITUAL AOS IRMÃOS MENORES ANIMAIS
(1) Presencialmente, na AEEF, no 1º e 3º sábado de cada mês, das 9h30 às 10h15.
— Ao chegar à AEEF, os tutores e seus tutelados são encaminhados ao auditório, para assistir a uma breve palestra de cunho cristão. Segue-se a aplicação do passe em tutores e tutelados, e o encerramento, com uma oração de agradecimento aos Benfeitores Espirituais.
Obs. importante: o tratamento espiritual é complementar. Não dispensa o atendimento feito por médico(a)-veterinário(a).

(2) A distância
Para os tutores com dificuldade de comparecer à AEEF nos sábados de atendimento, o passe poderá ser transmitido a distância, aos seus tutelados doentes, entre 8h50h e 9h20. Neste caso, basta enviar, com antecedência, questionário cadastral pelo site www.encontrofraterno.org.br, ou e-mail para: ....informando nome, idade, raça, foto do animal (se possível), problema de saúde dele e endereço. No horário indicado, é recomendável que o(a) tutor(a) se mantenha em sintonia por meio de prece ou, no mínimo, permaneça em ambiente tranquilo.

Diretrizes básicas aos tutores
• O início das atividades é às 9h30min. Chegue no mínimo 15 minutos antes, para se harmonizar com o ambiente.
• Os tratamentos são iniciados pelos Espíritos Zoófilos no auditório, e potencializados por meio do passe e da água irradiada.
• Aproveite os momentos anteriores à palestra para reflexão, projetando muito amor ao seu tutelado. Evite conversas e deslocamentos.
• Após a palestra, no momento da transmissão do passe mantenha-se em concentração, em sintonia com a energia do ambiente.
• Traga uma garrafa de água com o nome do(a) tutelado(a) para ser irradiada e usada no tratamento; e outra com o nome do(a) tutor(a) para ser fluidificada (opcional); você pode também trazer os medicamentos indicados pelo(a) médico(a)-veterinário(a), identificados com o nome do(a) tutelado(a), para irradiação (basta uma vez).
• Ao sair, não esqueça de levar para casa a água e/ou os medicamentos irradiados.

Anexo I
Sugestão de cartaz de divulgação

Sobre os autores

Ana Carolina Castello Branco Spada – Mestre em Educação: História, Política e Sociedade. Ativista em defesa dos direitos animais.

Astolfo O. de Oliveira – Professor, palestrante espírita, editor do jornal espírita *O Imortal* e diretor de redação da revista espírita eletrônica *O Consolador* (www.oconsolador.com).

Bruno Cunha – Advogado e professor universitário, palestrante espírita. Ativista em ações relacionadas à defesa dos direitos animais.

Carlos A. Baccelli – Médium psicógrafo, jornalista, radialista, escritor e palestrante espírita. Idealizador e fundador de várias instituições espíritas em Uberaba-MG. Um dos principais biógrafos de Chico Xavier.

Denise Roeck – Espírita atuante em várias atividades doutrinárias ou de assistência social desenvolvidas pela Comunidade Caridade sem Fronteiras – Blumenau-SC, incluindo o trabalho de assistência espiritual aos irmãos menores animais.

Divaldo Pereira Franco – Educador, médium, e um dos maiores oradores espíritas da atualidade – tido como verdadeiro apóstolo do Espiritismo. Grande divulgador da Doutrina Espírita, é considerado "embaixador" do Espiritismo no Planeta. Fundou, com Nilson de Souza Pereira, em 1952, a Mansão do Caminho, grande obra social do Centro Espírita Caminho da Redenção, em Salvador-BA.

Eurípedes Kühl – Escritor, pesquisador, médium e conferencista espírita. Um dos mais atuantes membros do movimento espírita. Autor de cerca de três centenas de obras espíritas publicadas, entre elas *Animais – Amor e Respeito; e Animais, Nossos Irmãos.*

Gildo Barbosa da Silva Filho – Músico, palestrante e dirigente doutrinário espírita, membro da Associação Espírita Encontro Fraterno, em Blumenau-SC.

Irmão Gilberto (Gilberto de Azevedo Marques) – Fundador do Grupo Fraternal Francisco de Assis, com sede em São Bernardo do Campo-SP. Presidente emérito da CEAM – Casa Esperança de Amor e Misericórdia, pequeno hospital que presta atendimento a irmãos menores animais em fase terminal ou convalescentes.

Irvenia Luiza de Santis Prada – Médica-Veterinária, professora, pesquisadora e palestrante espírita. Idealizadora e coordenadora do movimento "Medicina Veterinária e Espiritualidade", junto à Faculdade de Medicina Veterinária e Zootecnia da USP. Autora de vários livros sobre a questão espiritual dos animais. Membro da equipe de apresentadores do programa "Nossos Irmãos Animais", da Rádio Boa Nova de Guarulhos-SP e do Fórum Nacional de Proteção e Defesa dos Animais.

Manoel Fernandes Neto – Jornalista, curador de conteúdo e palestrante espírita.

Mariléa de Castro – Escritora e palestrante ramatisiana. Coordenadora do Grupo de Estudos Ramatís, de Porto Alegre-RS, que mantém o *Projeto Livros com Asas* – distribuição gratuita de obras de cunho espiritualista. Como editora ou coeditora atuou em jornais e publicou artigos em coletâneas de obras espiritualistas. Tem participado como palestrante em grupos, seminários e congressos, com temas ligados à espiritualidade e ao vegetarianismo. Obras publicadas: *O Guia do Brasileiro em Paris, Haiawatha* e *Igualdade.*

Mauro Luis de Medeiros – Professor de História, com especialização em Gestão Escolar e Cultura Afro-Brasileira, médium e palestrante espírita.

Michelle Wilke – Jornalista e ativista em defesa dos direitos animais. Criadora do perfil *Bicho Fraterno*.

Ricardo Luiz Capuano – Médico-veterinário, escritor, comunicador e palestrante espírita sobre o tema "A Alma dos Animais", com expressiva atuação como divulgador da Doutrina Espírita e dos direitos animais.

Ricardo Orestes Forni – Médico anestesiologista, apresentador, escritor. Autor de livros em diversos gêneros, compreendendo romance, doutrinário e autoajuda. Colaborador em vários órgãos da imprensa espírita, tais como *RIE - Revista Internacional de Espiritismo*, de Matão, revista eletrônica *O Consolador*, jornal *O Imortal* e *O Clarim*.

Simone Nardi – Criadora do blog *Irmãos Animais - Consciência Humana* (http://irmaosanimais-conscienciahumana.blogspot.com/). Colunista do site da Feal – Fundação Espírita André Luiz. Fundadora do Grupo de Discussão Espírita Clara Luz, que aborda a alma dos animais e o respeito a eles. Graduada em Filosofia, especialista em Filosofia Contemporânea e História pela UMESP. Colaboradora da Revista *Conhecimento Prático Filosofia*.

Wilson Rodrigues Jr – Jornalista, comunicador e palestrante espírita, fundador do Grupo Espírita Francisco de Assis, com sede em Sorocaba-SP, o qual inclui, entre suas atividades, a de assistência espiritual aos irmãos menores animais.

O ANIMAL NA CASA ESPÍRITA
foi confeccionado em impressão digital, em março de 2022
Conhecimento Editorial Ltda.
(19) 3451-5440 — conhecimento@edconhecimento.com.br
Impresso em Super snowbright 70g. – Hellfoss